JN320828

歴史文化ライブラリー

385

京都に残った公家たち

華族の近代

刑部芳則

吉川弘文館

目　次

〔凡　例〕

・本文では元号を主として使用し、各章の初出元号に限り西暦を注記した。
・年の途中で改元があった場合、改元前までは前の元号、改元後は新元号を用いた。
・年月日は明治五年までは旧暦、明治六年からは太陽暦で記した。
・登場人物の年齢は満年齢である。
・長文の引用史料は基本的に一行空白の二字下げとした。引用史料の旧漢字は新字、合字は仮名にあらため、適宜句点とルビをほどこした。引用史料中の（　）は原文どおり、〔　〕は著者の注釈による。
・文中の史料原文引用は「　」、要約は〈　〉で囲んだ。
・人名や用語は明治以降の一般的名称を用いた。
・本文中の肖像写真のうち、特に出典等付していないものは宮内庁三の丸尚蔵館の所蔵である。

京都公家華族とはなにか——プロローグ

1　京都公家華族とはなにか

公家華族のイメージ

公家の印象を思い浮かべろといわれると、多くの者は藤原氏が栄華をきわめた平安時代の姿を連想するのではないか。御殿造の邸宅に住み、狩衣に烏帽子を着けた公家たち、そして彼らが和歌を詠み、蹴鞠《けまり》に興じる姿である。だが、数百年のときを経て、明治維新を迎えると彼らの生活も変わらないはずがなかった。だが、明治以降の彼らの姿を思い浮かべるのは容易ではない。

そもそも明治以降の公家の名前を何人あげられるだろうか。おそらく明治政府の太政大臣三条実美《さねとみ》と右大臣岩倉具視《ともみ》、明治後期に桂園時代を築き、昭和戦前期に最後の元老と呼ばれた西園寺《さいおんじ》公望《きんもち》、戦時体制下の内閣総理大臣をつとめた近衛《このえ》文麿《ふみまろ》の名前が浮かぶのではないか。これ以上の名前が思い浮かぶ読者は、かなりの歴史通と思われる。

だが、右に取り上げた人名はもとより、多くの公家華族たちは東京で生活している。それは本書でも述べるが、明治初年に政治の場が東京に置かれたからである。政府官員や軍人をつとめる公家華族たちは、住み慣れた京都から東京へと移っていった。三条・岩倉・西園寺も例外ではない。近衛などは祖父や父とは異なり東京生まれである。

その一方で明治以降も京都に残りつづけた公家華族もいたのだが、彼らの存在はほとんど知られていない。彼らの生活や活動を照射してみると、公家華族とはなにであったのかが見えてくる。その結果、従来の公家に対する雅《みやび》であるとか、風流といった平安絵巻の姿や、公家華族は「箸より重いものはもてない」というような先入観とは違った印象を受けることとなるだろう。

華族とはなにか

本書では京都に残った公家華族を取り上げるが、その前に華族について説明する。明治二年（一八六九）六月に誕生した華族は、昭和二十二年（一九四七）五月の日本国憲法施行と同時に廃止されるまで、約八十年間存在した。華族に与えられた役割は、「四民ノ上ニ立」「国民中貴重ナ地位」「皇室の藩屏《はんぺい》」などと漠然としたものであり、その具体性については明確にされていない。ただ華族に国民の模範的な立場を示し、皇室を支える存在となるように求められたことは確かである。

それでは華族たちはどのようにして四民の上に立ち、皇室を支えようとしたのだろうか。

この問題を検討するには、華族の基本的な制度はもとより、彼らの生活や行動などに迫らない限り見えてこない。また華族といっても旧公家・諸侯の華族、維新後の政治家・官僚・軍人・財界人・学者としての勲功により華族に列せられた者、維新後に神社の神職や寺院の僧侶から華族に列せられた者、旧藩家老から華族に列せられた者、幕末の国事に奔走した功労により華族に列せられた者と、千差万別である。

彼らは華族制度においては華族と総称され、明治十七年七月の華族令にもとづき公爵・侯爵・伯爵・子爵・男爵の爵位を有している。爵位の差異を除けば互いに違いはないかのように思われる。だが、実際に公家と武家では感覚が大きく違い、さらに両者と勲功によって華族に列せられた者とではその差は開いている。華族を考える場合、この差異を看過することはできない。

大久保利謙の華族評

華族に違いがあったことについては、維新の勲功によって華族に列せられた大久保利通の孫である利謙《としあき》も感じていた。大久保家は侯爵であったため、太平洋戦争中に利謙も世襲議員として貴族院議員をつとめた。貴族院における議員活動をとおして華族の差異を思い知らされたのであろう。東京帝国大学の国史学科を卒業した利謙は、戦前から歴史研究者として活躍した。終戦後に華族の集会場であった華族会館が霞会館と改称されると、彼は『華族会館史』などの編纂作業に従事し、華族研究の先駆的な存在となる。旧華族と接触する機会の多かった利謙は、華族の違いについて次のように語っている。

華族内部でも色分けがありました。元公家・大名の旧華族と、「華族令」による新興の新華族はまったく別です。公家華族は伝統を背負った気位の高いところがあって、「堂上会《とうしょう》」というグループがありました。トウショウと読むのは、いわゆる公家読みです。大名は各藩それぞれで、そういうグループはない。公家は結集していました。比較して経済的に恵まれていないこともあったんでしょう。しかし公家グループにも違いがありました。京都の公家と東京の公家では違うんです。明治維新のとき、公家に対してなるべく東京に出てこいということだったんですが、来たのと来ないのといた。東京に来た公家はまた新しいカラーになりますが、京都はそうではない。また京都の方に貧乏公家が多い。京都にはいまでもずいぶん旧公家がいますね。

（大久保利謙『日本近代史学事始め――一歴史家の回想――』）

大久保によれば、公家華族は伝統を背負って気位が高く、勲功華族である新華族や武家華族たちとは異なり結集していたという。また公家華族のなかでも東京に移住した者と、京都に残った者とでは違いがあったと見ている。そして京都在住の公家華族たちは経済的に困る者が少なくなかったと回想する。

それでは次に公家華族の全体像について、家系譜から三系統に分類して説明する。公家華族の主流ともいうべき存在が、藤原鎌足を家祖とする

藤原氏の系統

藤原氏の系統である。鎌足は中大兄皇子を助けて大化の改新を成し遂げ、彼の後は子の不比等が継いだ。不比等の子は武智麻呂《むちまろ》（南家）・房前《ふささき》（北家）・宇合《うまかい》（式家）・麻呂（京家）の四家を創設し、とくに勢力を持った北家から派生分離して家の数は増え、藤原氏は栄華をきわめた。だが、江戸時代には藤原という姓を持つ堂上公家は存在せず、それまでの間に他家と区別しやすい姓へとあらためている。

公家の家格の最高位である摂家の近衛・九条・鷹司・一条・二条は、いずれも鎌足の子孫忠通の後裔である。もともと摂政と関白は藤原氏でなければつとめられなかった。摂家につぐ清華家《せいがけ》九家のうち、三条・菊亭・西園寺・徳大寺は鎌足の後裔公季《きんすえ》の流れであり、大炊御門《おおいのみかど》・花山院《かざんいん》は鎌足の後裔師実《もろざね》、醍醐は摂家と同じ忠通を家祖とする。清華家は太政大臣まで進み、大臣と左右近衛大将を兼務する家である。

清華家につづく大臣家は、大臣には進むが左右近衛大将を兼ねない家で三家存在する。このうち三条家から分かれた正親町三条《おおぎまちさんじょう》と、正親町三条支流の三条西《さんじょうにし》が藤原氏の系統である。大臣家につぐ羽林《うりん》家は、参議を経て大納言まで昇り、近衛中将・少将を兼任できるが、近衛大将には就任できない家筋であった。羽林は近衛府を指し、武官を意味していた。

表1―1　堂上公家（藤原系）

公家	祖先	家名
摂家（摂家支流・庶流）	鎌足17代忠通	九条・醍醐・富小路・鷹司・（松園）・（水谷川）・一条・二条・（相楽）・近衛
四条家	鎌足曾孫魚名	鷲尾・油小路・櫛笥・四条・山科・西大路・八条・（若王子）・（河辺）・（杉渓）
日野家	鎌足6代真夏	日野・広橋・柳原・烏丸・竹屋・日野西・勘解由小路・裏松・外山・豊岡・三室戸・北小路・（南）
高倉家	鎌足7代長良	高倉・堀河・樋口・（藤大路）
勧修寺家	鎌足7代良門	甘露寺・葉室・勧修寺・万里小路・清閑寺・中御門・坊城・芝山・池尻・梅小路・岡崎・穂波・堤・（松崎）・（芝小路）・（粟田口）・（竹園）・（今園）・（長尾）・（中川）・（鷺原）・（穂穙）
閑院家	鎌足11代公季6代実行	三条・正親町三条〔嵯峨〕・三条西・姉小路・滋野井・河鰭・阿野・花園・武者小路・風早・押小路・高松・園池・（北大路）・（鹿園）
	鎌足11代公季6代通季	菊亭・西園寺・正親町・清水谷・四辻〔室町〕・橋本・裏辻・梅園・山本・大宮・小倉・西四辻・（北河原）・（玉松）・（芝亭）
	鎌足11代公季6代実能	徳大寺
	鎌足孫武智麻呂	藪〔高倉〕・中園・高丘
中御門家	鎌足13代頼宗	松木・園・東園・持明院・高野・石山・壬生・石野・六角
水無瀬家	鎌足12代道隆	水無瀬・七条・町尻・桜井・山井・（太秦）
御子左家	鎌足13代長家	冷泉・冷泉・（松林）・藤谷・入江
花山院家	鎌足13代師実	花山院・大炊御門・中山・飛鳥井・難波・野宮・今城・（藤枝）

羽林家につぐ家柄を名家という。名家は弁官・蔵人を兼任し、大納言まで進む家筋である。名家についでは半家《はん》という、羽林家と名家のいずれでもない「中途半ば」の家筋が存在した。

それらの家を藤原氏の系統で分類すると、藤原師実の次男家忠・三男経実・五男忠教の後裔である花山院家が七家、藤原道長の男頼宗の後裔である中御門《なかみかど》家が九家、道長の六男長家の後裔である御子左《みこひだり》家が四家、藤原冬嗣の六男良門の後裔である勧修寺《かじゅうじ》家が十三家、冬嗣の長男長良の後裔である高倉家が三家、藤原房前の五男魚名の後裔である四条家が七家、藤原道隆の後裔である水無瀬《みなせ》家が五家となる。また二条家分流として、富小路《とみのこうじ》家とその分流である萩原家・相楽《さがら》家（奈良華族）がある。

天皇家の系統

天皇の皇子を祖先としながらも、公家のなかでは傍流の家柄なのが源氏と平家の系統である。源氏の一族で数が多いのは、村上天皇の皇子具平親王の子源師房を家祖とする村上源氏であり十家存在する。いずれも氏の長者の久我《こが》家から派生した家で、久我が清華、中院が大臣家、それ以外は羽林家である。次に数として多いのが、宇多天皇の皇子敦実親王の子雅信を家祖とする宇多源氏であり五家存在する。それ以外には、竹内《たけのうち》の清和源氏、清華家の広幡《ひろはた》は正親町源氏、花山天皇の皇子清仁親王の子延信王を家祖とする花山源氏の白川と、それぞれ一家ある。

表1—2　堂上公家(天皇系)

公家	祖先	家名
安倍家	孝元天皇皇子大彦命6代雉子	土御門・倉橋
清原家	天武天皇皇子舎人親王孫夏野	舟橋・伏原・沢
平家	桓武天皇皇子葛原親王子高棟	西洞院・平松・長谷・交野・石井・(梶野)・(小松)
清和源氏	清和天皇皇子貞純親王子経基5代義光	竹内
宇多源氏	宇多天皇皇子敦実親王子雅信	庭田・綾小路・五辻・大原・慈光寺・(西五辻)
村上源氏	村上天皇皇子具平親王子師房	久我・中院・六条・久世・岩倉・千種・梅渓・愛宕・東久世・植松・(南岩倉)
花山源氏	花山院天皇皇子清仁親王子延信王	白川
正親町源氏	正親町院天皇皇孫智仁親王子忠幸	広幡

源氏に対して平家の流れは、桓武天皇の皇子葛原《かつらはら》親王の子平高棟《たかむね》を家祖とする桓武平氏に限られ、五家存在する。また時や暦など陰陽道《おんようどう》を管轄する倉橋・土《つち》御門《みかど》は、平安時代の陰陽師として名高い安倍清明（安倍家）の後裔であるが、同家は孝元天皇の系譜に位置づけられる。清原家の三家はいずれも名家で、天武天皇の皇子舎人親王の孫にあたる清原夏野を家祖とする。夏野は、養老令の官撰注釈書である『令義解』の編者として知られる学者であり、子孫は明経道《みょうぎょうどう》をつとめた。

その他の系統　その他の系統で家数が多いのは、菅原道真を家祖とする菅原家の六家であり、菅家ともいう。この一族は紀伝道という学問を家職とする。祭主家を代々つとめる藤波家は大中臣《おおなかとみの》清麻呂《きよまろ》の嫡流、同じく神祇頭をつとめる吉田家の一族は伊豆卜部の後裔である。大江音人《おとんど》の後裔の大江家に

表1―3　堂上公家(その他)

公家	祖先	家名
菅原家	天穂日命後古人	高辻・五条・東坊城・唐橋・清岡・桑原
大中臣家	天児屋根命後加多能子	藤波
ト部家	天児屋根命後大雷命子真根子命	吉田・萩原・錦織・藤井
丹波家	後漢霊帝後康頼	錦小路
大江家	天穂日命後音人	北小路・北小路

すべて「華族類別録」(霞会館諸家資料調査委員会編『華族制度資料集』吉川弘文館，1985年)，霞会館華族家系大成編輯委員会編『平成新修旧華族家系大成』上・下(吉川弘文館，1996年)から作成．表中の〔　〕は維新後の改姓，(　)は維新に際して僧侶・神官などから堂上格に列せられた者を示す．

は北小路が二家あり、医師の家柄である丹波康頼《たんばのやすより》の男重明を家祖とする丹波家の系譜として錦小路《にしきこうじ》がいる。また錦小路は後漢霊帝の後裔であり、公家のなかでは珍しく渡来系にあたる。

彼らが明治二年六月十七日に「公卿」から華族へと名称を変更されたとき、松崎万長《まつがさきつむなが》・北小路俊昌《きたこうじとしまさ》・若王子《にゃくおうじ》遠《ふ》文《かや》・岩倉具経《ともつね》・玉松真弘《たままつまひろ》（操）の五家が公家華族として加わり、総数は百四十三家となった。右の三系統を紹介した表1中の丸括弧内の名称は、いずれも維新に際して堂上に列せられた者である。慶応三年（一八六七）十月二十四日、孝明天皇の遺命により松崎は堂上に列せられた。万長は堤《つつみ》哲長《あきなが》の次男であるが、甘露寺勝長《かんろじかつなが》の三男となったため、松崎家は甘露寺家庶流と位置づけられる。

北小路は地下《じげ》の家であったが、代々蔵人《くろうど》をつとめたため、慶応三年十一月二十日に堂上となった。京都御所清涼殿《せいりょうでん》殿上の間に昇れる五位以上の公家を堂上、それ以外の者を地下と称した。だが蔵人の家は特別に昇殿が許され、「六位の蔵人」の最上席である極臈《きょくろう》を父・子・孫の三代にわたってつとめると、堂上に取り立てられた。そのような家には、土御門、倉橋、慈光寺、錦小路などがいた。

岩倉と玉松は、維新の功労によって華族に列せられた早い段階のものであった。具視の三男具経は戊辰戦争において東山道鎮撫副総督をつとめ、玉松は「討幕の密勅」や王政復古の詔勅の文案に携わった。慶応四年六月に岩倉、明治二年正月に玉松が、それぞれ堂上となっている。

若王子は山科家の庶流であり、聖護院《しょうごいん》若王子の住職（大僧正）をつとめていたが、新政府の神仏分離政策を受けて還俗し、明治二年二月に堂上に列せられた。寺院の僧侶から還俗して公家華族となったのは、若王子を除くと後述する奈良華族がいる。

なぜ京都公家華族なのか―華族研究の空白地帯

廃藩置県以降も京都に残った華族たちは、当時の史料では「京都在住華族」「京都華族」などと称され、必ずしも決まった呼び方は存在しない。京都には少数とはいえ、僧侶から華族に列せられた者や、一時的ではあるものの武家華族や新華族が住んでいた。だが、京都在住華族の主体は公家であり、彼らを対象に描く本書では京都公家華族と呼び、東京に移住した公家華族を東京公家華族と呼ぶこととする。

それでは、なぜ華族のなかでも公家華族に着目するのか、ましてや京都という限定されたそれを取り上げるのかである。この疑問点に日本近代史という歴史研究の分野から答えると、華族研究のなかでも公家を取り上げたものがないことによる。とりわけ京都公家華族たちが登場することは皆無といっても過言ではない。その理由には、武家華族や新華族に比べて現存する史料が少ないという事情が挙げられる。また仮に新出史料を見出したとしても、彼らの動向を日本近代史の流れのなかに位置づける難しさがある。簡単にいってしまえば、これまで手つかずであった華族研究の題材であるから、その空白地帯を埋めるために京都公家華族を取り上げるのだといえる。

だが、それだけが本書で京都公家華族を考える理由のすべてではない。公家華族は、華族のなかでも他と異なり、天皇に近い存在にある。それは先述した天皇の系統はもとより、古代から天皇を支え、皇室と血縁関係にもある藤原氏を中心とした家柄が証左となる。つまり、公家華族は天皇や皇族に相当する素材であり、近代国家における華族の存在意義を知る手掛かりを持っている。

そのような立場にいる公家華族には、天皇の近くで重要な役職に就くことが求められたに違いない。だが京都公家華族たちは、東京の天皇から遠く離れた京都の地に残りつづける選択をした。この矛盾に満ちた関係性はなにを意味するのか。その矛盾にこそ、近代国家における華族の理想と、現実の難しさがよくあらわれているように思われる。本書では、天皇の近親者でありながら、疎遠な立場に置かれた京都公家華族に視座を置き、近代国家における華族とはどのような存在であったのかを検討する。

本書の構成は次のとおりである。「京都に残る公家華族」では、明治維新後に天皇が京都から東京に移る過程を取り上げ、最終的に京都に残った公家の姿を描く。「四民の上に立つ道程」では、京都公家華族たちが新しい時代の息吹を入れ、華族としての役割をはたそうと懸命に努力していたことを検討する。「困窮する公家華族」では、京都公家華族の家計や負債状況に触れ、武家華族や新華族よりも経済的に不利な立場に置かれていた事実に迫る。「東西両京を往復する公家華族」では、帝国議会が開かれてから貴族院議員に選ばれた京都公家華族の役割を明らかにする。「社会を騒がす公家華族」では、世間を騒がせた京都公家華族の諸問題から、彼らの暗部を見て取る。そして、「大正・昭和の京都公家華族――エピローグ」では、京都公家華族たちが大正および昭和という時代を経てどのような役割を担っていたかを検討する。

京都に残る公家華族

京都外出に対する賛否両論

王政復古による公家秩序の変化

京都御所内では、慶応三年（一八六七）十二月九日の前夜から当日の朝まで、①朝敵とされてきた長州藩父子の赦免および官位復旧、②文久二年（一八六二）から蟄居《ちっきょ》処分を受けていた岩倉具視の赦免、③文久三年八月十八日の政変で京都を追放された三条実美ら七卿の赦免に関する審議がおこなわれた。長引いた審議がおわると摂政らが退席し、その場には「薩長討幕派」を支持する公家たちがとどまった。その直後には、赦免となったばかりの岩倉具視が参内している。彼らだけで会議は再開され、幕府・将軍・京都所司代・京都守護職といった幕府の諸機構の廃止が決まった。それればかりでなく、朝廷内の官職である摂政と関白をはじめ、議奏・武家伝奏《でんそう》・国事御用掛・国事参政・国事寄人《よりうど》なども廃止し、それらに代わって新政府内には仮に総裁・議定・参与の三職が設置された。いわゆる王政復古の政変と呼ばれるものである。

そもそも朝廷内の朝議は摂政や関白に重きが置かれていた。摂政と関白は、公家のなかでも最上位の五摂家しかつとめることができない。摂関家のもと、朝廷内の事務および平堂上からの意見を取りまとめる議奏、幕府側との連絡交渉役である武家伝奏が力を持っていた。幕末の政治的混乱のなかで、政治の中心が江戸から京都へと移ると、武家伝奏よりも議奏のほうが有力となった。文久期には国事御用掛・国事参政・国事寄人が設けられ、それまで朝議に加われなかった平堂上の公家たちが政治的発言力を持つようになる。それは朝議という国事に関する場への参加を、平堂上の公家たちが求めた結果といえる。

五摂家の特権ともいうべき摂政や関白は、朝議参加を望む平堂上の公家たちにとって不都合な官職であった。そして新政府の成立によって朝議参加が可能となったとき、議奏・武家伝奏・国事御用掛・国事参政・国事寄人の使命はおわったと考えられて不自然ではない。したがって、律令国家の官職である令内の官を除き、それ以降に新設された令外の官は廃止されたのである。

王政復古の政変は公家たちの秩序も大きく変えることとなったが、その場に居合わせた公家たちがそれを望んでいた事実を見落としてはならない。またそのような変革を了承する際に居合わせた公家は限られ、平堂上の公家がすべて出席したわけではない点にも注意が必要である。これから本書では京都公家華族たちについて言及するが、右の重要な変革の場に居合わせた者は一人もいなかった。

戊辰戦争に出撃する公家

年が明けた慶応四年正月三日、新政府軍と旧幕府軍で戦端が開かれた。鳥羽・伏見の戦いで後退してきた旧幕府軍の入城を淀藩が拒絶し、さらに津藩が旧幕府軍に発砲するなどの裏切り行為は、旧幕府軍の敗因のひとつといわれる。淀藩が寝返った背景には、勅使の四条隆平が新政府への参軍を求めたことが大きい。

戊辰戦争がはじまると、新しい政権の担い手としてふさわしい若手の公家たちが陸続と出撃した。正月四日、山陰道鎮撫総督に西園寺公望、五日に東海道鎮撫総督に橋本実梁《さねやな》、九日に東山道鎮撫総督に岩倉具定《ともさだ》、北陸道鎮撫総督に高倉永祜《ながさち》、十三日に中国・四国追討総督に四条隆謌《たかうた》、二十五日に九州鎮撫総督に沢宣嘉《のぶよし》が任命された。文久三年の政変で京都を追われた四条と沢を除けば、いずれも京都から遠出するのは初体験である。

全国各地には、俗に草莽《そうもう》隊と称される新政府の正規軍とは異なる部隊があらわれた。京都からは、慶応三年十二月十二日に挙兵した鷲尾《わしお》隆聚《たかあつ》を盟主とする鷲尾隊、翌四年正月六日に綾小路《あやのこうじ》俊実（のちに大原家の継養子となり大原重実《しげみ》と改名）と滋野井《しげのい》公寿《きんひさ》を盟主とする

表2　戊辰戦争に出撃した公家

氏　名	戊辰戦争後の略歴
鷲尾隆聚	高野山出兵(慶応3年12月8日)⇒大阪城追討(慶応4年正月7日)⇒奥羽追討総督(6月7日)⇒陸軍少将(明治2年8月15日)⇒若松県知事(明治4年8月4日)
平松時厚	征討将軍仁和寺宮随行(慶応4年正月2日)⇒三河国裁判所総督(閏4月2日)⇒東京在勤(明治2年正月17日)
烏丸光徳	征討将軍宮参謀(慶応4年正月4日)⇒江戸府知事(5月24日)
五条為栄	征討大将軍宮随行錦旗奉行(慶応4年正月4日)⇒陸軍少将(明治2年7月22日)⇒東京(明治4年4月)
西園寺公望	山陰道鎮撫総督(慶応4年正月4日)⇒北国鎮撫使(閏4月23日)新潟府知事(10月28日)⇒*
壬生基修	軍防事務局親兵掛(慶応4年正月4日)⇒会津征討参謀(6月14日)⇒越後府知事(明治2年2月8日)
橋本実梁	東海道鎮撫総督(慶応4年正月5日)⇒度会府知事(明治2年7月6日)⇒東京在勤(明治5年正月14日)
柳原前光	東海道鎮撫副総督(慶応4年正月5日)⇒京都帰着(明治元年11月30日)⇒東京(明治2年3月7日)
正親町公董	東海道鎮撫使大津陣営へ勅使(慶応4年正月9日)⇒大総督参謀(2月9日)⇒奥羽追討白河総督(8月9日)⇒東京(10月4日)
岩倉具定	東山道鎮撫総督(慶応4年正月9日)⇒佐賀勤学願(8月)⇒*
岩倉具経	東山道鎮撫副総督(慶応4年正月9日)⇒奥羽征討白川口副総督(5月20日)⇒佐賀勤学願(8月)⇒*
高倉永祜	北陸道鎮撫総督(慶応4年正月9日)⇒奥羽征討越後口総督(5月28日)
大原重実	東海道総督，桑名城進撃(慶応4年正月11日)⇒海軍先鋒総督(閏4月19日)⇒関八州監察使(5月24日)⇒東京(12月4日)
四条隆謌	中国四国追討総督(慶応4年正月13日)⇒仙台追討総督(7月3日)⇒東京在勤(明治元年11月17日)
沢　宣嘉	九州鎮撫総督(慶応4年正月25日)⇒長崎裁判所総督(2月2日)⇒東京(明治2年5月27日)
久我通久	大和国鎮撫総督(慶応4年2月1日)⇒東北遊撃軍将(7月23日)⇒東京軍務官出勤(明治元年11月21日)
西四辻公業	大総督宮参謀(慶応4年2月8日)⇒東京(明治元年11月)
河鰭実文	御親征錦旗奉行(慶応4年2月9日)⇒大総督府参謀(5月)⇒東京(明治3年3月)⇒*
沢　為量	奥羽鎮撫総督(慶応4年2月9日)⇒奥羽鎮撫副総督(2月26日)⇒東京(明治5年6月9日)
醍醐忠敬	奥羽鎮撫副総督(慶応4年2月9日)⇒奥羽鎮撫総督参謀(2月25日)
穂波経度	錦旗奉行(慶応4年2月15日)⇒大総督府参謀(5月19日)⇒京都府貫属(明治3年12月17日)
九条道孝	奥羽鎮撫総督(慶応4年2月26日)⇒京都帰着(明治元年12月16日)⇒東京(明治2年5月28日)
坊城俊章	摂泉防禦総督(慶応4年8月29日)⇒両羽巡察使(明治2年6月10日)⇒山形県知事(明治3年9月24日)⇒*
四条隆平	北陸道鎮撫副総督(明治元年正月9日)⇒新潟裁判所総督兼北陸道鎮撫副総督(2月7日)⇒柏崎県知事(7月27日)

「華族履歴」公･1〜6(宮内庁書陵部宮内公文書館所蔵)から作成．＊印は海外渡航を示す(43頁の表4を参照)．

赤報隊《せきほうたい》、十八日には高松公村《きんむら》を盟主とする高松隊が出撃した。鷲尾には日月紋の描かれた錦の御旗が渡され、紀州藩および大阪方面を牽制し、大和鎮撫の使命をはたすと、正月十七日に京都へ凱旋した。

今では小説や映画で有名となった赤報隊は、進撃に際して各地で「年貢半減令」を掲げたが、正月二十七日に新政府が年貢半減を撤回したため、「偽官軍」として処罰される運命となった。さすがに公家の綾小路と滋野井の処刑は免れたが、京都への帰還を余儀なくされた。これに先立ち中仙道から下諏訪に進撃した高松隊も、正月二十五日に帰京を命じられた。また九州では西海道鎮撫と称して花山院家理《かざんいんいえさと》が軍事行動を起こすが、これも毛利敬親《たかちか》（周防《すおう》山口藩主）の軍勢に拘束される結果となり、三月十七日に花山院は京都へ帰京した。

草莽諸隊の行動は皮肉にも新政府軍の統制を乱すこととなり、盟主となった公家たちは帰京を余儀なくされたが、各鎮撫総督として出撃した公家たちは各地を転戦する。同年末に東北地方での戦争がおわると、京都に一時的に凱旋帰京した者もいたが、多くは東京で在勤している。また北越および東北地方では現地を統治するため、戦争終結後に知事職をつとめる者もあった。公家は血縁的に天皇と近いため、人々に天皇の代理としての印象を与えるにふさわしい。それゆえ彼らは、天皇のお墨付きともいうべき錦旗と節刀を携えて各戦闘地域に立ち、戦後には統治が難しい難治県と呼ばれる地域の知事に任じられたのである。

公家たちの仕事

鳥羽・伏見の戦いがはじまると、一時的に京都御所内の公家たちも騒然となるが、旧幕府軍の旗色が悪くなり、戦線が京都から遠ざかるにつれ、公家たちにとって戊辰戦争は他人事《ひとごと》のようになっていった。新政府の三職として太政官の会議に出席せず、また各戦闘地域に出撃しなかった公家たちは、いったいなにをしていたのだろうか。これまでほとんど知られていないが、彼らの多くは古式ゆかしい御所内の勤務に従事していたのである。

京都御所には「近習」「内番」「外様」と称される勤番制度が存在した。江戸時代において「内番」から選抜されていた「近習」は、天皇の側に仕えるという意味であり、後の侍従に相当する。人数の少ない「近習」は日々参内し、天皇が政務を執る御学問所に近い「御詰番所」で控えている。「内番」「外様」の詰所は、御所の入口にある「公卿之間」から「小御所」に伸びる「御拝廊下」の途中にあり、「外様小番衆所」と「内々小番衆所」に分かれていた。そこへ週に一度の割合で出勤し、夕方まで勤務して帰れる場合と、宿直して翌日に帰宅する場合とがあった（刑部芳則「宮中勤番制度と華族—近習・小番の再編—」）。どちらにせよ次の引継ぎ者があらわれるまで、ひたすら待機していなければならない。具合が悪く欠勤する場合は届け出る必要があり、後日代番を引き受けてくれた人の当番をつとめた（これを「返番」と呼んだ）。

この勤番制度は、貧乏な公家たちの貴重な収入源のひとつであった。幕末の朝廷といえば、「公武合体」や「尊王攘夷」という旗印のもと、多くの政治事件が取りざたされるが、それは公家たちにとって非日常的な大問題である。大問題を横目にしながら、彼らが昔と変らず日常的な役割を送っていた事実を見逃してはならない。そうした役割意識は、新政府の発足後に起きた戊辰戦争でも変わらなかった。公家華族を考える場合、日常的な公家の古い慣習は、諸侯や藩士には見られない特徴として重視すべき点である。

大阪親征行幸

天皇の側近である「近習」や御所内に詰める「内番」「外様」は公家に限られ、天皇の生活空間である奥に仕える女官は公家出身者が過半数を占めた。明治天皇は、先代の孝明天皇と変わらず公家に囲まれて日常生活を送っていたのである。この閉鎖的な天皇の姿は、国民の前に姿をあらわす西洋の皇帝とは異なっていた。王政復古の政変により参与に就任した大久保利通は、天皇が率先して政務をおこなうという姿勢を示さない限り、「天皇親政」の実現はできないと感じるようになる。

そして大久保は、慶応四年正月二十三日に「大坂遷都の建白書」を副総裁岩倉具視に送った。「大坂遷都」とは、京都から大阪へと都を移すことである。そればかりでなく大久保の構想には、天皇を京都御所内の公家や女官から引き離す一方、藩士との政治的距離を縮めようとするしたたかな狙いが秘められていた。「大坂遷都」には天皇の外祖父である中山忠能《ただやす》が反対し、彼は女官をも味方につけて運動を展開した。そこで大阪親征行幸と名目を変えるものの出発の日時は延期され、議定の嵯峨実愛《さねなる》が中山および女官の説得にあたり、ようやく三月二十一日に天皇は京都を出発する。

大阪親征行幸とは、天皇みずからが新政府に反抗する旧幕府勢力の討伐に出向くという意味である。これに先立つ二月三日には天皇親征が発せられていたが、すでに戦局は畿内から関東へと移っていた。大阪で天皇ははじめて軍艦に乗船した。大砲から放たれる轟音に中山忠能が驚いても、天皇は動じなかったというエピソードもこのときである。また藩士で参与をつとめる木戸孝允《たかよし》や後藤象二郎の天皇拝謁も実現した。

東京遷都ではなく東京奠都

新政府は、慶応四年二月三日に天皇親征の令を発し、九日には有栖川《ありすがわの》宮熾仁《みやたるひと》親王が征討大総督に任命され、東海道・東山道・北陸道の先鋒総督を支配下に置き江戸を目指して進撃した。三月十三日には有名な大総督府参謀西郷隆盛と旧幕府側を代表した勝海舟との会談がおこなわれ、江戸無血開城の段取りがととのう。そして四月四日、勅使として東海道先鋒総督橋本実梁と、副総督の柳《やなぎ》原前光《わらさきみつ》が江戸城西丸に入城し、城を預かっていた田安慶頼《よしより》に降伏条件を示した。

こうして江戸総攻撃は避けられ、江戸城は四月十一日に有栖川宮熾仁親王に引き渡された。大総督府は西丸に置かれ、有栖川宮の他に参謀の正親町公董《おおぎまちきんただ》と西四辻公業《にしよつつじきみなり》、錦旗奉行の河鰭実文《かわばたさねふみ》と穂波経度《つねのり》らが詰めた。徳川家の処分と江戸市民を慰撫する目的から、閏四月十日には関東監察使に三条実美が任じられ、二十四日に三条は西丸へ入城した。三条の東下後には、大総督府の諸軍が上野の東叡山に頓集する旧幕府軍を破り、田安亀之助が徳川宗家を継ぎ、駿府七十万石が下賜されるなど、徳川家の処分が進められた。

そして五月二十四日に三条は関八州鎮将に任じられ、六月五日に関東鎮台が設置されると鎮台は有栖川宮が管轄し、これを江戸府知事の烏丸光徳《からすまるみつえ》が補佐した。六月十九日には京都から木戸孝允と大木喬任《たかとう》が東下し、三条と天皇東幸について議論している。さらに七月十七日、江戸を東京と改称する詔が発布されると、同じ日に鎮台は廃止され、代わって駿河以東十三国を管轄する鎮将府が設けられた。長官である鎮将には三条が就任した。

詔により従来の都を廃止し、新たな場所に都を移し、そこを都と定めることを「遷都」という。それに対して「奠都《てんと》」は、従来の都をそのまま残し、新たにもうひとつ都を別の場所に定めることを意味する。つまり西京（京都）とは別に新たに東京という都を制定したのが、東京奠都である。

なぜ東京遷都ではなく、東京奠都となったのか。それは「大坂遷都論」に対する批判から大阪親政行幸へと名目の変更を余儀なくされたように、京都御所がある京都から別の場所に都を移すことに対する抵抗が強かったためである。天皇が大阪や東京に行幸するのでさえ容易ではなく、その実施は引き延ばされた。京都への還幸を前提とする天皇の東京行幸に対する反対が強いなか、天皇が京都に再び戻らないことを明言する東京遷都は現実的に困難であった。公家や女官をはじめ、京都府民の抵抗を和らげるため、「遷都」の宣言はおこなわれず、実質的には「遷都」と変わらない方法が図られたのである。

明治天皇の東幸

江戸から東京へと変わったとはいえ、関東の人心の安定を図るには天皇の存在が欠かせなかった。関東鎮将府の三条実美は、彼が信頼を寄せる木戸孝允から進言を受けたこともあり、京都の岩倉具視ら太政官《だいじょうかん》の要職者に天皇東幸の必要性を促した。岩倉具定と具経の息子兄弟からも催促を受けていた具視は、大久保利通と東幸実施に向けての相談を重ねた。ところが慶応四年八月になっても東幸に関する具体的な議論は進展しないばかりか、むしろ東幸に反対する声が起こるようになった。

太政官の要職者では議定の中山忠能、大原重徳《しげとみ》ら公家に加え、議定で諸侯の松平慶永《よしなが》が異義を唱えた。彼らは、年少者の天皇には時期尚早、関東の治安が悪いことなどから東幸に反対する。外祖父の中山は、孫の身に万が一のことがあってはならないとの気持ちから、大阪親征行幸のときと同じように批判的である。さらに押小路《おしこうじ》実潔《さねきよ》は、議定の嵯峨実愛に対して東幸をやめさせるよう、再三にわたって反対論を説いている。

このように天皇東幸に対する反論が出てくれば、議論の目途が立たないのも無理はない。東京にいる三条たちは小田原評定ともいえる太政官の会議に苛立ち、東幸実施の方針を固めるよう促すが、状況に変化は見られなかった。最終的には大久保が不退転の決意で太政官の会議に臨み、東幸実施の必要性を訴えたことが議論の流れを決定づけた。それにより東幸実施日は九月二十日と示された。天皇東幸の実施が決まると、岩倉は留守中の京都に変事が起きないよう、徳大寺実則《さねつね》・嵯峨実愛・松平慶永の三名に留守取り締まりを依頼した。いずれも三条と岩倉が信頼する人物であった。

そして明治元年（一八六八）九月二十日（九月八日の一世一元の制により明治と改元）、東京を目指して天皇は京都御所を出発するが、これで東幸に対する反対はおわらなかった。反対論者であった大原は、京都を出発した天皇の後を追いかけ、大津で行列に追いつくと、岩倉に来た道を戻るように懇願している。大原は皇室の氏神を祀る伊勢神宮の大鳥居が倒れたとの急報を得ると、これは天皇が東京に行くべきではないという凶兆に違いないと確信した。しかし大原の説得もむなしく、天皇は東京への道を進んでいった。

思わず笑ってしまいたくなる話だが、公家たちにとって天皇が京都を離れることに対する危機感は尋常ではない。天皇の身を案じてのことはもとより、もしも京都に帰らないような事態になったら、われわれはどうしたらよいのかという不安である。彼らに京都を捨てるという選択肢はありえなかった。

京都を失ってもかまわない

東海道を進む天皇の行列は、明治元年十月十三日に東京城に到着した。この日、天皇の入城に際して江戸城は東京城と改称された。その後、議論として浮上したのが、天皇の年内還幸を実施するか、このまま東京にとどまらせるかという問題であった。三条実美は、天皇の年内還幸は得策ではないと反対する。

彼の反対理由を『三条実美公年譜』から要約すれば、〈約三百年近くにわたって徳川幕府が統治をしてきたため、関東では旧幕府を慕う者が十人のうち七人から八人はいる。そのような当地から天皇が離れ、人々を失望させてしまうと、再び人心を取り戻すのは簡単ではない。東京の盛衰は日本全国の興廃にかかわる問題であり、たとえ京都を失ったとしても、東京を失わなければ天下は安泰だ〉という。論旨の行間からは、住み慣れた京都を離れ、土地柄の異なる東京での仕事が楽ではなかったことがうかがえる。京都を失ってもよいという三条の意見は、関東鎮将府として関東の統治につとめてきた経験にもとづいている。

この意見と衝突したのが岩倉具視であった。京都の人心に配慮する岩倉は、当初の予定を変えず年内還幸をすべきだと主張した。岩倉は中山忠能から、孝明天皇の三回忌法要と、一条美子《はるこ》（のちの昭憲《しようけん》皇太后）の入后の儀式を挙行するため、天皇の年内還幸が不可欠なことを聞かされていた。さらに彼の胸中には、批判的な陰口を囁《ささや》く京都の「内番」「外様」をつとめる公家たちの存在もよぎったのではなかろうか。

とはいうものの、三条の意見に否定的であったわけではなく、東京の人心を失うのも本意ではなかった。そこで岩倉は、来年の春に再び東京に出ることを約束し、その際には皇后はもとより、太政官をも京都から移すことを提案した。まずは一度帰り、十分に説諭を図った上で再び天皇の東京行幸を実施するという慎重な計画である。

結局、急進的な三条の意見は退けられ、岩倉の慎重論が採用された。天皇は十二月八日に東京を出発し、同月二十二日に京都に到着した。復路では乗船案が浮上したが、三種の神器に配慮して往路と同様に陸路が取られた。

三条と岩倉の意見対立は、ここに至るまでの両者が置かれた生活環境の差異が表れていたといえる。長期にわたって東京で勤務する三条は、京都での生活に未練がなかった。彼の意識変化が早かったのには、文久三年八月から京都を追われた経験も影響していたかもしれない。一方で京都にとどまり御所内の公家と接する機会の多かった岩倉は、彼らの言説や性質から改革の難しさを肌身に感じていた。

時勢の変化と特権の喪失

天皇の再幸

明治二年三月七日、明治天皇は東京に向けて京都を出発した。前年の還幸に随従した中山忠能、少し遅れて明治元年十二月二十八日に京都へ向かった三条実美も再び東京に来ている。この天皇再幸には「近習」「内番」「内侍所付」なども同行している。

まだ京都には多くの公家が残留しているとはいえ、天皇の東幸と再幸は公家を東京へと移動させる画期的な事業であったといえる。天皇が東京に到着した明治二年三月二十八日、東京城は皇城と改称された。また皇后行啓は見送られたが、太政官が京都から移された。したがって、太政官の三職をはじめ、政府官職をつとめる公家たちは東京に移動したのである。岩倉具視の出発は遅れ、明治二年四月二十四日に東京に到着した。そして五月十三日および十四日には、太政官の三職および六官知事を三等官以上の投票によって決める官吏公選がおこなわれた。これは政府内の人事刷新を図ったものであったが、輔相《ほしょう》・議定・六官知事の人選は公家と諸侯から選ぶこととなっていた。

この官吏公選で政府要職に残った公家は、輔相の三条実美、議定の岩倉具視、参与の徳大寺実則・東久世通禧《ひがしくぜみちとみ》、神祇官知事の中山忠能、会計官知事の万里小路博房《までのこうじひろふさ》、刑法官知事の嵯峨実愛、内廷職知事の中御門経之《なかのみかどつねゆき》、留守長官の鷹司輔熙《たかつかさすけひろ》、上局議長の大原重徳に限られた。

華族の誕生

明治二年六月十七日、版籍奉還が勅許された。これにより諸侯が統治してきた各藩の土地と人民は天皇に返上され、世襲的な藩主から天皇が任命する地方長官である藩知事へと生まれ変わった。旧諸侯に配慮して初代藩知事には彼らが任命されたが、二代目以降は旧諸侯の嗣子が就ける保証はなかった。版籍奉還の結果、旧諸侯の家禄は石高の十分の一に削減され、自邸を藩庁のある城内から城外へ移すなど、明確に公私の区別がおこなわれた。

そして同じ日に「公卿諸侯之称被廃《はいせられ》、改テ華族ト可称旨《しょうすべき》」（『法令全書』明治二年、第五四二号）と公布され、従来の公卿と諸侯の名称をあらためて華族と称することとなった。公武の別がなくなり、諸侯は公卿と同格になったわけである。華族の誕生は、諸侯から世襲的な特権を奪う引き換えとして、彼らにそれに代わる権威を付与したともいえる。天皇の近くで仕えてきた公卿にとって、格下という感覚の強い諸侯と同格になるのは耐えがたかったと推察される。だが、これは版籍奉還による痛み分けであり、武家華族の地位低下に鑑みれば、公家華族も文句はいえなかったに違いない。

文武百官の廃止

ところが、公家華族たちを落胆させたのは名称変化でおわらなかった。翌月の明治二年七月八日に「職員令《しきいんりょう》」という太政官制の改変がおこなわれた。この「職員令」は、古代律令国家の時代に編纂された「大宝令」の名称にもとづいて官制機構や官職の名称をつけており、従来の輔相を太政大臣・左大臣・右大臣、議定を大納言、参与を参議とあらためた。

先例や古式を重んじる公家にとっては嬉しい出来事のように見える。しかし、律令国家の名称を復活しているものの、一方で律令国家の産物である「百官」「受領」が廃止されたのだから、公家華族の複雑な心境は察するに余りある。「百官」には修理大夫《しゅりのだいぶ》、雅楽頭《うたのかみ》、主水正《もいとりのかみ》、「受領」には越前守、薩摩守、土佐守などが存在する。時代劇でも有名な元禄忠臣蔵に登場する赤穂藩主の浅野内匠頭長矩《たくみのかみながのり》と、敵役である高家の吉良上野介義央《こうずけのすけよしなか》の官職名も、この「百官」「受領」である。

いずれも有名無実というべき名誉の称号にすぎなかったが、天皇から与えられる「百官」「受領」は、公家たちにとって特別なものであった。それゆえ王政復古の政変で令外の官が廃止されても、令内の官は残ったのである。「百官」「受領」を重視する中山忠能は、大久保利通の「百官」「受領」廃止意見に反対してきた。「職員令」の設置は、大久保の意見が皮相的な名称採用と引き換えに実現したことになる。改革の底意を中山が把握していたとは思えないが、大久保は外見にこだわらず中身を取ったといえる。

大久保の改革に理解を示す岩倉具視は、明治二年の覚書で「百官御廃止」を記し、「西京住華族方真ニ速《すみやか》ニ東京移住之事」（「岩倉具視関係文書」岩倉公旧蹟保存会対岳文庫）と、公家華族を京都から東京へ移住させることも提案している。岩倉は、天皇が東京に移ったにもかかわらず、いつまでも上京を拒む公家華族の姿勢に苛立ちを感じたのではなかったか。いずれにせよ岩倉は昨年までの緩和的な態度をやめ、彼らの意識を変化させるため荒療治に出たのである。

天皇の後を追う皇后

天皇の後を追って皇后までもが東京に行くことにより、いよいよ東京遷都が実施されるのではないかとの不安が増大した。京都府民のなかからは強訴して皇后行啓に反対する者もあらわれた。騒動を鎮めるため、留守長官中御門経之（明治二年七月二十四日就任）と京都府知事長谷信篤《ながたにのぶあつ》が「百方説諭」をおこなった。両者は、翌三年三月には京都御所で大嘗祭《だいじょうさい》の挙行が予定されており、その際に天皇と皇后は還幸すると説明した。

これにより明治二年十月四日に皇后は京都を出発し、二十四日に東京の皇城に到着した。ところが、年が明けると前年の凶作で政府財源に余裕がなくなり、還幸費用が出せない事態に直面する。この知らせを受けた中御門は、明治三年正月九日付の三条と岩倉両名宛の書翰で、還幸延期を明確に説明しない限り、京都府民は納得しないだろうと論じる。そして「人心不穏折柄に候へは、自然遷都相起候ては不容易事《よういならざること》に可立至《たちいたるべし》」（『岩倉具視関係文書』四）と、京都府民の人心がおちつかないなかで東京遷都が起きたら、とんでもない事件が起きるだろうとつけ加えている。

京都府民を説得した中御門からすれば、約束が守られなければ困る。政府として還幸が難しいならば、その理由を明確に京都府民に示し、だますようなことがあってはならないという。他にも中御門は三条と岩倉に興味深い京都の情勢を伝えている。明治三年正月十三日付書翰では、京都の学校や諸官省の名称を廃止するという方針はやめ、かたちばかりでもよいから名称を残して欲しいと要望し、そうしなければ京都の人心が動揺するに違いないと断言する。

さらに明治三年正月十七日の書翰では、「府之学校と相成候は丶宮華族辺も如何と是亦《これまた》心痛仕候、何卒《なにとぞ》〱大学校と被存候様偏《ひとえ》に奉祈候」などと述べている。ここに出てくる京都大学校は、皇学所および漢学所を合併したものであり、両所は公家・社家・宮家の家来・諸家家士・諸藩士の子弟が通う教育機関であった。その大学校の廃止が囁《ささや》かれていたため、皇族や公家華族たちは一般府民と同じ京都府の学校に通うことを心配しているという。この文面に続けて「東西一視之御布令も相立候様両全之御良策」、「遷都之形相顕候而は人民鎮撫之道も無之《これなし》」（『岩倉具視関係文書』四）と論じる。

京都よりも東京に重きを置く政治状況を察した中御門は、東京と京都がお互いに成り立つ良策を取らなければならず、東京遷都の模様が表れたら京都府民を治めることはできないという。実際に京都に参集した諸藩士および草莽たちが「還幸之事可申立、若《もし》御採用無之候は丶、東京焼払」と主張し、それ以外の京都府民も「還幸而已《のみ》御待申居」（『岩倉具視関係文書』四）という状況であった。過激な還幸論者は約束が守らなければ東京を焼き払うと論じ、それ以外の者も還幸を待ち望んでいた。あらためて東京遷都が論外であることが理解できる。

三条と岩倉は中御門の書翰から京都の切迫した状況を知るが、天皇および皇后を帰らせるわけにはいかない。そこで明治三年三月十四日に太政官は、京都府知事に「諸国凶荒」という理由から、天皇還幸の延期を府民に伝えるよう命じている。正月二十四日に留守官は京都府に合併され、中御門は説明責任から逃れられた。一方で長谷はとんだ悪役を負わされたわけだが、事情はどうあれ皇后行啓に際しての約束は守られなかった。また京都大学校は、同年十二月七日に開校した京都府中学校に引き継がれ、公家華族たちの心配は現実化した。

今のうちに会っておきたい

皇后が京都を出発する前に三条は、これから寒くなるから早く行啓の日取りを発表するよう岩倉に促していたが、中御門からの書翰で京都の容易ならない実状を知らされた。明治三年四月七日付の岩倉宛の書翰で三条は、大納言のなかから一名を選んで京都に出張させ「一掃除御所置」をしないと、京都の情勢を変えることはできないと述べている。そして三条は自ら京都に出向き、その大任にあたりたいと希望する。実は三条が申し出る本当の理由は別のところにあった。非常に面白い内容なので少々長くなるが次に掲げる。

小生一老母有之癸亥已来《いらい》離別、幸に天朝之渥恩に依而《よって》丁卯之冬帰朝再会を得、臣生涯之遺憾も無之候、乍去《さりながら》帰京之後東西奔走膝下に終日之侍養も不仕《つかまつらず》、昨春来も頻《しきり》に西帰を渇望仕候処、当年之還幸も御延引に相成大に力を落し申候、情実加之昨冬来余程大病にて漸《ようやく》此頃に至り先快復仕候、最早極老年にも相成何時も知れ不申事に付、願くは唯今之内一度帰省一面会仕度、且《かつ》小生は東京住居と相決し挙家此地に相移し候に付、家内之処も改革仕世上之形勢も不相心得、将《まさに》老人之事故落胆罷仕候次第に付、

一度面会も相叶候は丶篤と納得仕候様安心為致度。　（『岩倉具視関係文書』四）

三条には高知藩の山内家から嫁いできた母紀子が健在であった。文久三年八月の政変で京都を追われると一時的に生き別れとなり、慶応三年十二月の王政復古の政変後に再会をはたしたが、すぐに東京へ出向いたため、一緒に暮らすことがほとんどできなかったという。昨年の春から京都への帰京を待ち望んでいたが、今年の還幸が延期になったので紀子の落胆は大きかった。昨年冬に大病をしてようやく回復したが、高齢のためいつなにが起こるとも限らないから、今のうちに一度会っておきたいと三条は要望する。また三条は東京在住を決心し、妻子を京都から引き寄せるなどの家政改革をおこなったが、京都に残り世情に疎い紀子にはその意味がわからず、大いに力を落としているという。だからこそ三条は、一度会って母を安心させたいと願い出たのである。

京都を失ってもかまわないといっていた三条は、結果的に母を京都に残して東京在住を決めたわけだが、母の存在が気がかりで仕方なかったことも事実である。京都に未練のない三条にしても、このような意識を持つのであるから、父や母が京都在住の姿勢を取った場合、それを振り切って東京に出ることは簡単ではなかっただろう。その一方で政府は、華族の東京上京を促す措置を取るようになる。明治三年十二月十日には華族の東京貫属が認められ、在官者を除いて請願伺いは、この日に設置された触頭《ふれがしら》に差出すこととなった。

家職を失う公家

公家のなかには、代々世襲で決められた家職をつとめる家が存在した。まずは朝廷内の祭祀および儀式で用いる雅楽演奏に関する神楽である。神楽を家職とする家は姉小路をはじめ多くあり、それ以外にも琵琶の菊亭、箏の正親町、和琴の四辻（室町）、笛の花山院、笙の竹内など、演奏器具を専門とする家がそれぞれ複数存在した。明治三年十一月に家職としての神楽は廃止され、これを機に宮内省に、先祖伝来の「大曲譜面」や楽器を返上する者もいた。

朝廷内では月並歌会と呼ばれる和歌の詠進がおこなわれた。公家にとって和歌は重要な仕事のひとつであった。その模範となる和歌を家職とした家には、飛鳥井や冷泉（上冷泉）などが存在した。ちなみに飛鳥井と冷泉（上冷泉）は、蹴鞠《けまり》も家職としている。これに加えて詩歌に関係するものとしては、歌徘と詩文の富小路、書道の清水谷、書家の六角、文章道《もんじようどう》の北小路などが挙げられる。

中国の歴史や文学を学び、作問する学問である文章道を家職とする菅家は、その基礎となる四書五経をはじめとする詩文の素養を身につけた。菅家の清岡・高辻・五条・唐橋・桑原・東坊城は文章の家で文章博士となり、清原家の伏原・舟橋は明経《みようぎよう》博士となる。菅家の家は、家祖菅原道真を祀る北野天満宮に参籠して論文を書き、それを神前に献じてから元服し、文章得業生を経て文章博士となる。

表3　家職一覧

家名	家職	家名	家職
姉小路	神楽	勘解由小路	儒道
綾小路	神楽・琵琶・箏・篳篥・蹴鞠	甘露寺	儒道・文筆・笛
五辻	神楽	清閑寺	儒道・文筆
小倉	神楽	中御門	儒道・文筆
河鰭	神楽	葉室	儒道
滋野井	神楽	坊城	儒道・文筆
藪(高倉)	神楽・箏	万里小路	儒道・文筆
庭田	神楽	広橋	文筆
鷲尾	神楽	柳原	文筆
菊亭	琵琶	清岡	儒学
西園寺	琵琶	石山	筆道
園	生花・琵琶	持明院	筆道・神楽
正親町	箏	清水谷	書道
西四辻	箏	六角	書家
四辻(室町)	和琴・箏	富小路	歌俳・詩文
大炊御門	和琴・装束	北小路	文章道
花山院	笛	唐橋	紀伝道
久我	笛	五条	紀伝道
三条	笛・装束	高辻	紀伝道
徳大寺	笛	東坊城	紀伝道
橋本	笛	伏原	明経道
竹内	笙	舟橋	明経道
松木	笙	萩原	神祇道
飛鳥井	歌道・蹴鞠	吉田	神祇道
入江	歌道	倉橋	陰陽道
烏丸	歌道	土御門	天文・暦道・陰陽道
藤谷	歌道		
冷泉(上冷泉)	歌道・蹴鞠	錦小路	医道
冷泉(下冷泉)	歌道	四条	楽・庖丁
日野	儒道・歌道	高倉	衣紋・装束
勧修寺	儒道・文筆	山科	楽・装束

霞会館華族家系大成編輯委員会編『平成新修旧華族家系大成』上・下(吉川弘文館，1996年)から作成.

四条家の山科と高倉は衣紋道《えもんどう》という、衣服の制度および装束の着用方法を管轄した。天皇の装束は両家が隔番で奉仕し、山科流は公家、高倉流は武家に多く用いられた。白川家は、代々神祇伯をつとめ、神祇伯に任じられると源氏から王子に復した。諸国の神社は同家に属していたが、卜部《うらべ》家の吉田家が神祇管領となってからは、神社の神階、神官の官位は吉田家の執奏によって宣下するようになった。安倍家の土御門《つちみかど》は、代々陰陽頭をつとめ諸国の易者を支配する。大中臣の藤波は、代々祭主の家で祭主家とも称した。

その他にも幕末に一条家の侍として仕え、宮中の諸事情に精通する下橋敬長によれば、文章の家である五条は関西相撲《すもう》を差配し、水無瀬宮を代々護る水無瀬家は御所の勤番を免じられたという。また久我家は、盲人に琵琶法師・琴三絃の師匠・按摩の称号（検校《けんぎょう》・勾当《こうとう》・市など）、乗物、袋杖を許す権利を有していた（下橋敬長『幕末の宮廷』）。さらに錦小路の医道、四条の庖丁道があった。庖丁道は鯉などを独特の庖丁裁きで切り分ける技で、天皇の前で披露された。

これら公家特有の家職は、新政府の成立から明治四年七月の廃藩置県までの間に廃止されていった。家職の種類によって金額の差異はあるものの、公家の貴重な収入源であったことに違いはない。それを取り上げられたわけである。明治二年十二月十五日、留守官久世通熙《みちさと》から呼び出された山科言成《ときなり》は、衣服調進を宮内省の管轄へと移し、高倉家とともに調進を廃止することを伝えられた。そのときの感想を彼は、「従先代《せんだいより》四五百年以来調進来之処、今般依御一新被為廃止、予過此時不運之到、併非為自災為天災也、強而不及歎《しいてなげくにおよばず》（中略）思先祖、慮《おもんばかり》後代、密々落涙」（「山科言成卿記」明治二年十二月十六日条）と記している。

代々四、五百年にわたって家職をつとめてきた山科は、先祖や子孫を思うと涙がとまらなかったが、その一方で時勢の変化によるものであり、自分の非ではなく天災にすぎず、歎くことでもなかろうと、自身を納得させている。このような気持ちは、家職をつとめる公家の共通意識であり、それを彼が書き残しているといっても過言ではない。

宮内省は、明治三年正月に綾小路家に対して「家業励精、四朝ニ歴事」、「御神楽奉仕之段叡賞」（「華族履歴」公・五）という理由で、御太刀料として千円を下賜した。また明治四年八月十四日には高倉家に千円、勧修寺《かじゅうじ》家に千円、山科家に七百円、土御門家に五百円、甘露寺家に二百円が下賜された。金額に多少の差異はあるものの、家職廃止に際しては各家に賜金のあったことがうかがえる。賜金には長年の奉仕に対する謝礼の意味が込められていた。これを境に公家特有の職種はなくなり、華族という地位を意識しながら自身に適した役職をつとめることが要求されるようになるのである。

京都公家華族の存在

武家華族にとって明治四年七月十四日の廃藩置県は衝撃的な出来事であった。この日に藩知事を解任された旧藩主たちは、上京して東京在住を義務づけられた。同じように京都から東京に移住する公家華族たちもいたが、彼らに上京を義務づけることはなかった。明治四年十月八日に武家華族、十日に公家華族を皇城に集め、三条実美が「華族の奮発勉励を求める」聖旨を伝えた。京都の場合は、十月二十八日に京都府庁に京都公家華族たちを参集させ、京都府知事長谷信篤が伝えている。

天皇との再会

方今宇内《うだい》開化之時、実用ノ材ヲ養ヒ候事最《もっとも》急務ニ候、殊ニ華族ハ四民ノ上ニ立、衆人ノ標的トモ可相成儀《あいなるべき》ニ付、親《したし》ク中外開化ノ進歩ヲ察シ、聞見ヲ広メ知識ヲ研《みが》キ、国家ノ御用ニ可相立様、各奮発勉励可致事《いたすべきこと》。

（『明治天皇紀』二、明治四年十月八日条）

聖旨の内容を要約すれば、〈近年文明が進歩し、それにともなう実力を養うことが急務であり、とくに華族は一般人の上に立ち、多くの人たちの模範的存在となるべきであるから、積極的に国内外の文明の進歩を理解し、見聞を広めて知識を研き、国家の御用に役立つため、それぞれ奮発および勉励すべきこと〉となる。

天皇と皇后につづき、英照《えいしよう》皇太后も明治五年四月十二日に京都から東京へ移っている。五月二十三日、軍艦龍驤に乗船した天皇は東京を出発し、伊勢・大阪・伏見を経て、三十日に京都に到着している。六月一日、京都御所の小御所に参集した公家華族は、久しぶりに天皇と再会した。ところが、彼らが目にした天皇の姿は一変していた。

天皇再幸に出発する前の天皇は、儀式の場で黄櫨染《こうろぜん》の束帯に立纓《りゆうえい》の冠を着けていた。それが目の前にいる天皇は、西洋式の礼服に舟形帽子を被り、西洋式の椅子に座っていた。天皇に随行した侍従番長の堤正誼をはじめ、公家出身の侍従たちも燕尾服およびフロックコートを着用していた。

天皇の玉座の前に立つ侍従長徳大寺実則が、公家華族たちに勅諭を奉読して聞かせた。その内容は、明治四年十月の聖旨とあまり変わりはなかったが、「宇内開化ノ形勢ニ着眼シ、旧来ノ陋習《ろうしゆう》ヲ去リ実地ノ学ヲ講シ、有用ノ業ヲ修ムル」（『三条実美公年譜』）ことを強調していた。いつまでも公家の慣習に依拠せず、「開化」という時勢に適して行動することを求める天皇は、その意味を自身の服装変化によって示していたのである。

海外に留学せよ

政府内で大久保利通らが新たな政策を進めようとしたとき、天皇の身近にいる公家や女官などに反対され、なかなか上手くいかなかったことは天皇東幸の問題で確認した。度重なる苦い経験から大久保は、なにかにつけて昔からの慣習にこだわる公家の体質を変える必要性を痛感するようになった。明治元年十二月二十五日付の岩倉宛書翰で大久保は、〈若い公家を三名から四名、諸侯より七名から八名を選び、イギリスに留学させたいと思う。とにかく公家が輔相に就任して全国を統括してもらわなくてはならず、どんなに賢い諸侯でも輔相の大任はできないから、三年後に留学させる方針を取るようにしてもらいたい〉（『大久保利通文書』二）と述べている。

当時政府の最高職であった輔相には三条実美と岩倉具視が就任していたが、大久保は両者に代わって同職をつとめられる公家がいないと感じたのである。大久保は全国を統括する最高職に諸侯はふさわしくないと論じているが、これは再び幕政のような武家政権に戻るのを避けようとしたと考えられる。そこで公家の役割を重視した上で、見込みのある若い公家を育てるため海外留学を提案したのであった。右の書翰のなかで大久保は、海外留学者として西園寺公望・柳原前光・万里小路《までのこうじ》通房《みちふさ》の三名を薦《すす》めた。

この三名のうち、明治三年十一月に万里小路が、十二月に西園寺が海外渡航し、外務省の要職をつとめる柳原は、明治三年六月に清国へ渡航し、同十三年三月からは特命全権公使としてロシア在勤を経験している。帰国後には各方面で活躍しているから、大久保には先見の明があったといえる。公家華族の海外渡航の嚆矢《こうし》は、大久保の提案より前の慶応四年三月に出発した三条実美の甥公恭《きみあや》と、岩倉の伯父の息子中御門経隆《つねたか》であった。その後を追って岩倉の息子である具定と具経、さらに南岩倉具義が旅立っている。

具定と具経の出発が遅れたのは、明治元年十月に佐賀藩の藩校である致遠館に入校し、ギドー・ヘルマン・フリドリン・フルベッキから英学を学ぶなど、十分な準備をしていたからである。その背景には物見遊山に出かけるのでは意味がないという、具視の息子たちに対する思いが含まれていた。ちなみに具視は、具定に「制度学」、具経に「海軍学」の習得を期待した。

政府内で要職を占める三条と岩倉は、自身の関係者を率先して海外渡航させたように、欧米諸国での生活を体験し、最新の知識を取り入れる必要性を認めていた。両者の意を入れた明治天皇は、華族に海外留学を奨励する勅諭を与えた。東京の場合は、明治四年十月二十二日から二十四日に皇城の小御所代に華族を集め、三条実美が勅諭を奉読した。一方で京都公家華族は、十一月九日に京都御所の小御所に集められ、宮内大丞阿野公誠が奉読している。

勅諭の内容は、知識を世界に求め、見識を広く持つようにしなければならないことを促

表4　公家華族の海外渡航

氏　名	主な渡航先	渡航期間(出発～帰国)	費　用
三条公恭	英	慶応4年3月～明治5年11月，7年10月～14年2月	私費，官費・私費
中御門経隆	英	慶応4年3月～9年8月	官費
岩倉具定	米・英・独・欧・白・露	明治3年正月～5年5月	官費
岩倉具経	米・英	明治3年正月～11年1月	官費
万里小路通房	英	明治3年11月～7年7月	官費
東久世通暉	ゲルマン	明治3年11月～6年3月	官費
西園寺公望	仏	明治3年12月～13年10月	官費・私費
石野基将	英	明治3年12月～7年7月	官費
南岩倉具義	米	明治4年2月～5年10月	私費
万里小路正秀	露	明治4年10月～14年5月	官費
清水谷公考	露	明治4年10月～8年2月	官費
岩倉具視	米・英・仏・独・露	明治4年11月～6月9月	官費
東久世通禧	米・英・仏・独	明治4年11月～5年12月	官費
武者小路実世	独	明治4年11月～7年7月	官費
高辻修長	米・英・仏	明治4年11月～5年12月	私費・官費
錦小路頼言	米	明治4年11月～7年2月	私費・官費
松崎万長	独	明治4年11月～17年12月	官費
坊城俊章	プロシャ・独	明治4年12月～7年7月	官費
五辻安仲	米・英・仏	明治4年12月～5年12月	官費
岩倉具綱	米	明治4年12月～5年3月	官費
清水谷公正	独	明治4年　～8年2月	官費
鷹司熙通	独	明治5年正月～10年1月	官費
裏松良光	独	明治5年正月～8年10月	官費・私費
入江為福	独	明治5年正月～7年11月	官費
唐橋在正	米	明治5年2月～7年2月	官費
姉小路公義	独	明治5年9月～21年2月	私費・官費
河鰭実文	英	明治6年1月～　12月	官費
沢　宣量	朝　鮮	明治13年3月～15年4月	私費

前掲「華族履歴」公・1～6，手塚晃・国立教育会館編『幕末明治海外渡航者総覧』1・2(柏書房，1992年)から作成.

すものであった。この意味を公家華族に限って解釈すれば、京都御所のなかで奉職し、公家や女官たちとだけ交流してきた幕末までの感覚を洗い流せということになろう。また勅諭には「華族ハ国民中貴重ノ地位ニ居リ、衆庶ノ属目スル所ナレハ、其履行固《もと》リ標準トナリ、一層勉励ノ力ヲ致シ、率先シテ之ヲ鼓舞セサルヘケンヤ、其責タルヤ亦《また》重シ」（『明治天皇紀』二、明治四年十月二十二日条）とある。つまり〈華族は国民のなかでも貴重な地位にあり、多くの人々が注目する存在である。その行為は標準となるため、華族は一層の勉励、率先して鼓舞しなければならない。その責任は重大である〉という。国家における華族の役割が重大であることを示唆した。

この勅諭に応えるように同年十一月十二日に横浜を出発した岩倉使節団には、大使の岩倉具視をはじめ、侍従長の東久世通禧、式部助の五辻安仲《いつつじやすなか》、岩倉の従者として高辻修長《おさなが》が随行し、同行の留学生として清水谷公考《しみずだにきんなる》・坊城俊章《ぼうじょうとしあや》・武者小路実世《むしゃこうじさねよ》・松崎万長《まつがさきつむなが》・錦小《にしきこう》路《じ》頼言《よりゆき》が加わった。後年に貧しさから華族の家名を保つことができなかった松崎を除くと、彼らも帰国後には公家華族として活躍する者が少なくない。また松崎に限らず公家華族は経済的に余裕がないため、海外渡航に関する費用は官費に頼る者がほとんどであった。

ところが、明治六年十月に岩倉使節団が帰国すると、政府の経費節減から官費留学生を減少することが余儀なくされた。明治十年十月十七日に華族子弟の教育機関として学習院が開校されると、官費留学は同院の優等生から選ぶように方針が変化し、公家華族の海外渡航は難しくなる。それはともかく、明治十年までに海外渡航した公家華族は、いずれも出発前に京都以外の土地で勤務および勉学し、帰国後には東京に住居を構えて京都に戻らなかった者がほとんどである。彼らは京都公家華族とは対照的な存在といえる。

京都に残った公家華族

それでは最終的にどのような公家華族たちが京都に残ったのであろうか。明治九年五月に宮内省が調査した「京都府華族人名」という書類がある。この書類をもとに著者が作成したのが表5だが、それを見ると公家華族（維新後に堂上格となった玉松や若王子《にゃくおうじ》などを含む）は五十六家、九十五名の人名が見て取れる。また彼らと性質が異なる僧家華族として三家、六名が京都には存在した。

「京都府華族人名」には、難波《なんば》宗明《むねあき》・宗礼《むねあや》、今城《いまき》定徳《さだよし》、裏辻《うらつじ》公愛《きんよし》が記されているが、難波は五月、今城は六月、裏辻は七月に東京府貫属へと変更しているから、上記表数には含まなかった。彼ら以外にも明治八年と九年に東京へ移住した公家華族は六名いるが、そのなかの萩原員光は「当時豊国神社権宮司奉職中ニ付、即今移転之儀ハ難相成候得共《あいなりがたくそうらえども》、往々ハ東京輦下ニ居住仕度」（「公文録」明治八年三月、三府之部并華族）と述べている。員光は明治八年四月七日に東京府貫族替をおこなうと、息子員種を東京に移住させている。だが、員光は京都府の豊国神社に奉職していたため、その後も京都に残りつづけた（員光

表5　京都に残った公家華族

家名	戸主	前戸主・嗣子	家名	戸主	前戸主・嗣子
飛鳥井	雅望	雅典	玉松	真幸	
愛宕	通致		外山	光暨	
油小路	隆晃	隆董	中園	実受	
池尻	知房		中院	通富	通規
今城	定徳		難波	宗明	宗礼
石井	行知	行光	西大路	隆脩	隆意
梅小路	定行		西洞院	信愛	信堅
梅園	実紀	実静・実師	若王子	遠文	
梅渓	通善	通治・通昌	八条	隆吉	
裏辻	公愛		花園	実延	
大炊御門	家信	師前	東坊城	任長	
小倉	輔季	長季	日野	資貴	資宗
押小路	実潔	公亮	平松	時厚	時言
梶野	行篤		藤谷	為遂	
清岡	長説	長延	舟橋	康賢	遂賢
櫛笥	隆義		町尻	量衡	量能
久世	通章		水無瀬	忠輔	
倉橋	泰顕	泰聡・泰清	三室戸	雄光	陳光・和光・治光
桑原	輔長		山科	言縄	言綏
小松	行敏		山井	氏親	氏暉・氏胤
滋野井	実在	公寿・実輝	山本	実庸	実政
七条	信義	信祖	冷泉	為紀	為理
芝山	慶豊		六角	博通	
持明院	基静		六条	有容	有煕
清閑寺	盛房	経房	鷲尾	隆聚	隆誠
園	基祥	基資	僧侶華族		
高丘	紀季	礼季			
鷹司	煕通	輔煕	大谷	光尊	
高野	保建		大谷	光勝	光宝
高倉	永則		華園	摂信	沢称
竹内	治則	惟忠	渋谷	家教	

「華族上申下達等便宜ノ為メ六部ニ分チ部長并督部長等ヲ置キ事務為取扱度伺」（「公文録」宮内省之部2，明治9年5月，国立公文書館所蔵）から作成.

は「社会を騒がす公家華族」の「骨肉の争い梅園事件」で再登場する）。

天皇の東幸および再幸に同行した者や、廃藩置県以降にも東京在勤を命じられて東下する者も少なくなかった。在勤をおえると再び京都に戻る者も皆無ではなかったが、多くは東京府への貫属替をおこなっている。京都に残った公家華族たちは、東京での在勤はもとより、東下することも望まなかった。繰り返すまでもなく、彼らは天皇や皇后が東京に移ることには否定的であり、両者が帰る日を期待していた。その留守を預かるため、京都に残ったといっても過言ではない。

京都に戻った公家華族

京都に残った公家華族は、右で確認した「京都府華族人名」に記載された者たちだけではなかった。東京に本籍を置いたまま、寄留というかたちを取っていたため「京都府華族人名」には記載されない者や、明治九年五月以降に東京府や他県から京都府に貫属替をおこなった者がいたのである。明治七年から九年にかけて京都への寄留願いを提出した公家華族には、南光利《みつとし》、二条斉敬《なりゆき》、高松保実《やすざね》、近衛忠熙《ただひろ》、石野基佑《いわのもとすけ》、清水谷公正《きんなお》、穂穙籌子《ほずみかずこ》、小倉輔季《おぐらすけすえ》・長季《ながすえ》が挙げられる。

このうち二条は息子の基弘《もとひろ》、近衛は息子の篤麿《あつまろ》、清水谷は息子の公考を東京邸に残し、京都の自邸への寄留願いを提出しているが、その理由はいずれも病気療養のためであった。明治七年六月から寄留した近衛は、寄留期限が迫った明治八年七月になると、病が回復しないとの理由から、一年間期限を延ばして欲しいと願い出ている。同じように二条の寄留期間は明治七年十月から七十日間であったが、十二月二日に寄留延期願いを提出し、明治八年三月四日にはさらに延長を願った。明治八年六月から寄留した清水谷の東京府貫族替が許可されたのは同年三月三十一日であるから、清水谷公正はわずか三ヵ月で京都に戻ったことになる。水が合わなかったのか健康不良に陥り、住み慣れた環境での療養を望んだのである。

また寄留願いを出した紅一点の穂穙籌子は、跡継ぎの俊香が幼年のため女戸主として家政を支えていたが、明治八年十二月二十八日に山科言縄《ときなお》邸へ寄留を許可され、翌九年八月二十九日には堺県から京都府へ貫属替をおこなった。穂穙家（法学者として有名な男爵穂積《ほづみ》陳重《のぶしげ》とは別の家）は、興福寺の傘下にある寺院の住職をつとめ、維新後に還俗して華族に列せられたため奈良華族と称された（詳しくは「困窮する公家華族」で述べる）。穂穙家の後につづいて明治十年になると奈良華族たちは京都府に戻ってくる。唯一の例外は、穂穙家よりも前の七月十七日に東京府貫属替を許可された鹿園実博《しかぞのさねひろ》である。奈良華族たちが提出した貫属替願いからは、それまで堺県（現在の奈良県）の添上《そえかみ》郡奈良菩提《ぼだい》（奈良山ノ上とも表記）か、添上郡奈良登大路町《のぼりおおじちょう》の屋敷に居住していたことがわかる。

高松保実の息子実村は内務権少属として東京在勤であり、保実が明治十一年九月二十四日に死去すると、高松家は京都から撤退した。その一方で明治十三年十一月まで寄留を認められた小倉輔季・長季はその後も京都に残った。また石野基佑と南光利は寄留を経て京都府貫属替をおこなった。さらに明治九年一月七日に東京府貫属を認可された植松雅言《まさこと》は、東京邸に息子雅平《まさひら》を残したが、早くも二月三日に先代雅恭《まさやす》の長男雅徳《まさとも》とともに京都府貫属替をおこなっている。その理由は例によって病気療養であった。先述した清水谷は東京府貫属のまま東京で過ごしていたが、明治十年四月二十七日に京都府貫属替を願い出ている。

そもそも東京府貫属願いの提出も遅く感じるが、慶応四年四月から函館裁判所総督をつとめ、岩倉使節団の留学生としてロシア留学を経験した清水谷公考の発言とは思えない。彼は京都に戻る理由を「父公正追々老年ニ及ヒ遠路引纏メ候事モ難相成、東西別居罷在候《まかりありそうろう》而《て》者《は》家計上不都合之次第」（「公文録」宮内省之部、

表6　公家華族の貫属替

京都から東京府貫属替	
錦織久隆	明治8年3月31日
萩原員光	明治8年3月31日
清水谷公考	明治8年3月31日
松木宗有	明治8年7月4日
植松雅言	明治9年1月7日
勧修寺顕允	明治9年2月29日
難波宗明	明治9年5月26日
今城定徳	明治9年6月12日
裏辻公愛	明治9年7月17日
南　光利	明治10年9月18日
河辺隆次	明治10年1月23日
杉渓言長	明治10年1月26日
今園国映	明治10年2月7日
太秦供康	明治10年2月7日
北小路実慎	明治10年2月7日
中川興長	明治10年2月7日
芝亭実忠	明治10年2月7日
芝小路豊訓	明治10年2月7日
長尾顕慎	明治10年2月7日
竹園用長	明治10年2月7日
北河原公憲	明治10年2月7日
粟田口定孝	明治10年2月7日
鷺原量長	明治10年2月15日
松林為秀	明治10年2月15日
藤枝雅之	明治10年2月8日
堺県から東京府貫属替	
鹿園実博	明治9年8月25日
東京から京都府貫属替	
植松雅言・雅徳	明治9年2月3日
石野基佑	明治10年4月27日
清水谷公考	明治10年4月27日
堺県から京都府貫属替	
穂穙寿子	明治9年8月29日

「公文録」（国立公文書館所蔵）から作成.

明治十年自三月至五月）であると述べる。公考の父公正は高齢にもかかわらずドイツに渡航したが、帰国後には無理が出たのか京都での病気療養を余儀なくされた。公考は、療養をつづける老父の公正と離れて暮らすのを困難に感じ、また東京邸と京都邸の二重生活による費用を抑えなければならないという。彼は東京で官途に就く道よりも、老父を介護する生活を選んだのである。明治十一年を節目に京都に残った華族は、前項の数に本項の寄留者四家、貫属替十九家を合計すると、七十九家、百二十名となる。

ここで重要なのは、近衛・二条・清水谷のように病気になると京都に戻るという点である。東京貫属として息子や孫を東京に移しても、自身は京都に残るまたは戻るという行為からは、老後の生活を京都で迎えるといい換えられる。この心境はどこにあるのか。先に住み慣れた環境での療養を望んだといったが、それだけではあるまい。それは病気が回復することを前提とした見込みである。療養のかいなく重篤や危篤という状況を迎える場合だってありうる。その先に見据えるのは自身の死であり、死後どうなるかという点にあるだろう。彼らが京都に戻るのには最悪な事態を想定し、自分の遺体を先祖代々が眠る場所に埋葬して欲しいという、考えがあったとしても不思議ではない。

先祖との別れ

このころ東京に出て行くには、京都の先祖とは異なる墓地に埋葬される決意が必要であった。そのことを嵯峨実愛は日記に書き残してくれている。明治元年十二月十三日、天皇再幸の準備をおこなうため、嵯峨は東京に向けて京都を出発した。嵯峨は、この直前の十月四日に妻登茂を病気で亡くしており、悲痛のなかでの旅路となった。京都を出発する前に嵯峨は、護浄院の住職に対して「今般東下来春家族同引越ニ付、尊像猶彼院へ可奉預置、永久東京住居ニも相成候ハ、彼地へ可奉迎」（『嵯峨実愛日記』二、明治元年十二月六日条）と語っている。

これから自分は東京に出発し、来年の春には家族も引っ越すから、とりあえず護浄院で「尊像」を管理してもらい、東京に永住を決めたときは取り寄せるつもりだという。「尊像」とは、嵯峨家の所有する十一面観音像や愛染明王である。この後にはつづきがあり、毎月十六日に三百疋を奉納料とし、亡妻の供養を依頼している。東京へと出発した嵯峨は、京都には戻れないかもしれないと感じていたことがうかがえる。その予感は見事に的中する。嵯峨は、明治四十二年十月二十日に八十八歳という長き生涯をおえるが、先祖の墓地がある京都の二尊院や清浄華院には入らなかった。彼の遺体は春日局の墓があることで知られる麟祥院《りんしょういん》（文京区湯島）に埋葬された。

岩倉家の事例からは、個人的な希望から埋葬される寺が選ばれたことがわかる。明治十六年七月二十日に癌《がん》を患って亡くなった岩倉具視の墓は海晏寺《かいあんじ》（品川区南品川）にある。現在では海面の埋め立てに加え、高層建築に阻まれて見ることができないが、当時の海晏寺からは品川沖が一望でき、秋には紅葉の名所として多くの人が訪れる場所であった。だが、海晏寺を選んだのは具視の意思ではなく、岩倉使節として欧州にいたときに病没した彼の養父具慶《ともやす》の遺言による。海晏寺からの絶景に魅せられた具慶の望みは、岩倉の関係者や宮内省の協力によって実現した。ちなみに岩倉家の隣接地には、越前松平家（松平慶永など）の墓が並んでいる。

公家華族が東京で死去した場合、その遺体を京都まで運ぶのは容易ではない。明治十年に京都と神戸、同十三年に京都と大津間で鉄道が開通する。だが京都と東京間で鉄道が繋がるのは、明治二十二年まで待たなければならなかった。明治十年以前は陸路を歩くしかない。維新後に皇室の葬儀を仏葬から神葬祭へと切り替えたため、それに倣って華族や政府高官も神葬祭でおこなう者が少なくなかった。両葬儀の大きな差異は、仏葬が火葬であるのに対し、神葬祭が土葬という点にある。明治三十九年一月四日に逝去した九条道孝（貞明皇后の父）の「遺骸」は、新橋から列車で京都に運ばれ、先祖が眠る東福寺（東山区本町）に埋葬された。だが彼の場合は、皇族の親戚としては珍しく青松寺（港区愛宕）においで仏式でおこなわれたからであり、神葬祭であれば遺体の輸送は困難であっただろう。

神葬祭で挙行された明治天皇の大喪では、天皇の遺言にもとづいて遺体は京都に埋葬されたが、葬送に多数の従者を出し、列車を貸しきるような大がかりの葬儀を個人でおこなうことはできなかったに違いない。「困窮する公家華族」で述べるが、経済的に余裕のない公家華族ならばなおさらである。つまり明治前期の東京移住には、嵯峨のように先祖との別れをも決意しなければならなかった。

四民の上に立つ道程

華族会館分局の講習会

集会所の設置

東京では明治七年（一八七四）一月に長老華族の麝香間祗候《じゃこうのましこう》と中堅華族の通款社《つうかんしゃ》が提携し、華族の集会場を設立するための会議が重ねられた。この動きは六月一日の華族会館の設立となって結実された。設立後には華族会館設立発起人の平松時厚《ときあつ》と河鰭《かわばた》実文が京都に出張し、通達などを伝達する役目にある華族閭長《りょちょう》の久世通熙《みちさと》邸に京都公家華族を集め、会館への加入を求めた。さらに九月には会館設立発起人の壬生基修《みぶもとおさ》と秋月種樹《たねたつ》（旧日向《ひゅうが》高鍋藩主家）が京都に出張し、京都府参事槇村正直に会館設立の趣旨が示された。会館設立の趣旨は華族に積極的に政治や法律などを学ばせるためであった。

これを受けて京都府知事長谷信篤は、九月二十日に勧業場に京都公家華族の当主を集め、勉学について後日に異論が出ないよう話し合わせた。華族の意見に先立ち槇村は、京都府には十分な学校がないとか、西洋の学問ができないなどの理由から、華族たちの私的な勉学所を設立しようとの計画が出ているようだが、これらは話にならないと釘を刺した。京都府内には中学校が一校、小学校が百校も存在し、外国人教師による講義を受けることも可能であり、学習施設が不足しているなどの理由にならないという。

さらに槇村の不満を吐露する発言はつづき、公家華族に子弟の就学状況を質問すると、私塾に通わせているとか、自宅で学習しているといい逃れるが、今後は徹底的に調査を進め、就学しない場合は厳罰に処すと恫喝《どうかつ》する。華族が「四民ノ上ニ立」、「国民中貴重ナ地位」をはたすためには、学校で士族や平民と交じり合いながら、彼らの上に立つ模範的な姿を見せるのが大事なことであり、交流を絶つ「雲上人」のような身分意識は捨てろという。

ここまで過激に満ちた発言を槇村がしたのには理由があった。槇村の話の核心は、華族は士族や平民に比べると国家からの厚恩を受けてきたのであるから、士族や平民よりも厚恩に報いるのは当然のことにもかかわらず、学習を拒否するとはなにごとかという点にある。それに加え明治政府は明治五年八月に学制を頒布し、男女を問わず満六歳になれば小学校に通うこととなったため、国民の模範となるべき華族が登校拒否したのでは体面上よくなかったのはいうまでもない。

京都公家華族は、明治三年に華族主体の大学が廃止されてから府学校に通うのを快く思わず、また東京に上京するのを避けていたことは「京都に残る公家華族」で述べた。さらに小学校および中学校に通学する適齢期をすぎている華族が大勢いたことも問題であった。そこで壬生が、京都公家華族が学習するための集会所を設立してはどうかと提案したところ、これに異論を唱える者はいなかった。長谷府知事は、本来ならば東京に上京して華族会館に加入するべきであるが、上京延期を望む者は当分の間は会館費を集会所での学習費用にあてればよいと述べている。

このようにして集会所の設立は急転直下に決まったのである。もちろん教育の適齢者は小学校および中学校に通学させ、集会所での学習はそれ以上の年齢の者を対象にしたが、五十歳以上の高齢者の参加は任意であった。

京都華族会館分局

集会所での講義は月に六回開催し、講師には菊地純と、新島襄の妻八重の兄である山本覚馬が選ばれた。京都公家華族のなかから、集会所の取締に錦織久隆《にしごりひさたか》・押小路実潔《おしこうじさねきよ》、書記に梅園実紀《うめぞのさねこと》・若王子遠文《にゃくおうじふかや》、会計に高丘紀季《おさすえ》・藤谷為遂《ふじたにためなる》が投票で決まった。集会所の建物は、仮に旧一条家の邸宅に置かれた。明治八年一月から「文明開化進歩スルノ道如何」、「子タル者ノ務メ如何」、「人間交際上ニ於テ主ト

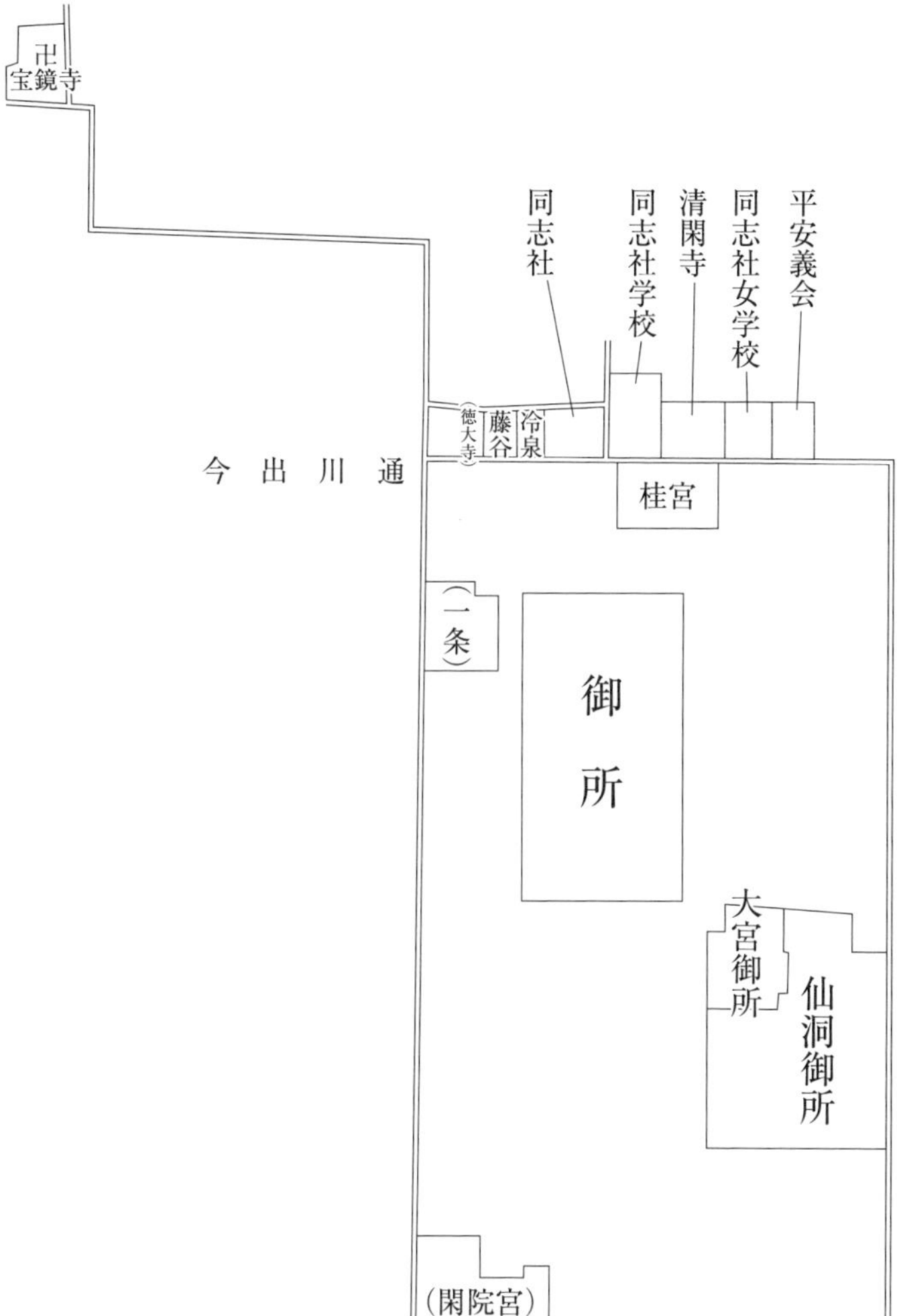

図1　京都地図

地図中の（　）は，明治元年時の建物名称を示す．京都市編『京都の歴史―維新の激動―』（学芸書林，1974年），「新撰京都古今全図」明治28年，田中治兵衛（田中文求堂）刊（『慶長昭和京都地図集成』柏書房，1994年）から作成．

スル処如何」、「男女教育之区別如何」、「国体維持ノ要務如何」（「御布告之留」明治八年）など毎月一回議題が出され、公家華族は回答を書面で提出した。

集会所は十二月十八日に東京の華族会館と正式に合併し、京都華族会館分局と改称した。それでは彼らが参集していた会館分局の位置をたしかめておこう。会館分局は、旧一条家邸から皇后御殿（明治九年七月十五日―明治十年二月二十日―八月六日）、閑院宮邸（明治十年八月七日―明治十二年二月十一日）、宝鏡寺（明治十二年二月十二日―十一月二十六日）、旧徳大寺邸と五回移転している。

華族会館分局への行幸と西南戦争

明治十年一月二十四日に高雄丸に乗船した天皇は、二十八日に神戸に到着すると、そこから汽車で京都へ入った。二度目の京都行幸である。この前日には皇太后が、前年十二月五日には皇后が京都に先行しており、天皇の到着を出迎えた。この三者が京都ですごすのは天皇再幸以来の出来事であり、さぞかし京都公家華族は嬉しかっただろう。公家華族たちは、一月二十九日に御学問所で天皇に拝謁した。また三十一日には天皇から、鷹司輔熙・近衛忠熙《ただひろ》・二条斉敬《なりゆき》にそれぞれ百円が下賜された。

天皇は、一月三十日の孝明天皇十年式年祭をおえると、京都府庁をはじめ、京都裁判所・博物館・中学校・合薬会社・女学校・女工場・牧畜場・集議院勧業場織工場・舎密局《せいみ》など、近代的な行政・教育・産業の現場を回った。そして二月四日に華族会館分局を訪れ、分局内の講堂に臨んだ。講堂には勉学所の教師および生徒や華族たちが集まり、生徒から小倉岡麿（輔季《すけすえ》の息子）・園基資《もとより》・玉松真幸《たままつまさき》・久世通章《みちふみ》（通熙の息子）・山本実庸《さねもち》・平松時韶（時厚の弟）・堀河康政・高倉卯三麿《うさまろ》（永則《ながつね》の弟）が選ばれ、日頃の勉学の成果が披露された。この直前に天皇は京都の中学校で理科実験を視察しており、京都公家華族たちも一般府民に負けじ劣らずとの姿勢を示そうとしたのである。具体的な発表内容はわからないが、ひととおり聞き終えた天皇は、優等生甲級の山本・久世・玉松・園・小倉に五円、乙級の平松に三円、丙級の堀河・高倉に二円の「書籍料」を下賜している。

この翌日に驚くべき一報が届いた。二月五日、かねてより不穏な形勢が噂されていた元参議の西郷隆盛らが鹿児島で反乱を起こしたという知らせである。十九日には征討の事務は、天皇の行幸中の住まいとなる行在所《あんざいしょ》で統轄することが布告され、当初の還幸予定を延ばして天皇は京都に滞在することとなった。容易ならざる事態であり、「四民ノ上ニ立」「国民中貴重ナ地位」に位置する華族たちが傍観しているわけにはいかない。だからといって軍務経験もない京都公家華族が、前線で指揮を執るのも現実的ではなかった。

戊辰戦争のときの動く錦の御旗とでもいうべき、天皇の代理人としての役割は有栖川《ありすがわの》宮熾仁《みやたるひと》および小松宮彰仁《こまつのみやあきひと》の両親王がつとめた。軍務経験や知識のない公家華族は、かえって足手まといになると考えられたのだろう。実際、東京在住の公家華族である菊亭脩季《ゆきすえ》の従軍願いは却下され、同じく申し出た武者小路実世《むしゃこうじさねよ》と武家華族の板倉勝達《かつみち》（旧三河重原藩主家）も征討軍慰問としての派遣であった。両者は慰問品を携えて六月二十九日に出発するが、すでに大規模な戦闘は収まり征討軍の旗色が良くなっていた。彼らの身の安全は確保されていたといえる。

西南戦争に際して京都公家華族には、戦地の将兵に慰問資金および物品の送付が求められた。この方針は三月十八日に太政大臣三条実美が右大臣岩倉具視に諮《はか》った上で決まったが、京都公家華族には彼らを統括する宮内省部長局の第六部長をつとめる山本実政《さねのり》から伝えられた。この結果、東西両京の華族全体で三万千余円、綿撒《めんざん》糸《し》三百七十七貫六百余匁、繃帯一万三千九百余巻などが集まった。このうち京都公家華族がどの程度出したのかは判然としないが、おそらく「困窮する公家華族」で述べる経済事情からすると、雀の涙くらいの募金ではなかったか。その一方で五月二十一日に開業した第十五国立銀行の設立準備金が用立てられず、宮内省に貸付金を頼んでいるのであるから、なんともあべこべな話である。

西南戦争は九月に城山で西郷が自刃するまでつづくが、七月に入ると西郷軍の敗色は濃くなった。七月二十六日、還幸の出発を前にした天皇は、徳大寺公純《きんいと》・鷹司輔熙・二条斉敬に反物一反、近衛忠熙に二百円、大炊御門家信《おおいのみかどいえこと》に百円、また京都公家華族一同に酒饌料として三百円を下賜している。二十八日に御学問所で華族総代に別れを告げた。

講習所の中堅華族

京都公家華族が学習するため月に六回講義を開くことを目的に開設されたのが華族会館分局であったが、その後分局内には日々講義をおこなう勉学所が設けられた。天皇が京都滞在中にも勉学所での講義は開かれている。久世通章は勉学所で受講したノートを書き残しており、そこから勉学所の講義内容がうかがえる。

久世のノートでは、明治十年二月に教師の北村龍蔵が出題した「血雨血雪」という内容からはじまる。公私の自由権、共和政治、三権分立、政治の目的など政治に関する内容が多いが、それ以外にも華族にとって重要な役割となる陸海軍に関するものに加え、自然科学や哲学など実に幅広い講義が実施されていた。

ところが明治十年十二月二十五日に東京の華族会館に置かれた学務局の廃止を受け、勉学所は突然廃止されてしまう。その理由は、同日に明治十一年一月から学習院の経費を一月千五百円と決められたことから見ると、華族子弟の学習は学習院に任せようとしたのではなかったか。これは東京華族には問題はなかっただろうが、勉学所に通う京都公家華族にとっては不本意であった。

その一方、明治十二年五月九日から東京の華族会館では「談話会」という勉強会が開設されており、なぜ分局の勉学所を廃止したのかという不満が京都公家華族たちから出ても不思議ではない。そこで明治十二年八月に分局は「談話会」に倣って、講義をおこなうための講習所を分局内に設置した。

講習所は十五歳以上などと年齢を設けず、日曜日を除いて毎日講義を実施した。もっとも、公私立の学校や私塾に通う京都公家華族の参加は任意であった。講習科目は経済・陸海軍・法制・文学・理学・化学・歴史・礼学・宗教であり、それ以外に講義・算術・筆道が用意されていた。政府官員・陸海軍人・法律家・学者と、どの道に進むにしても不可欠な基本的知識および教養が得られたのである。

京都公家華族の写真撮影

講習所の学習は、京都公家華族の間に西洋的な学問を普及させる役割があった。明治と時代が変わってから十年以上が経過して、京都公家華族も文明開化という思想を受容したわけである。文明開化と呼ばれる新しい文化のなかには、幕末に日本に導入された写真の普及も含まれている。まだ当時の写真館は大都市の一部に限られていたが、被写体になるのを嫌悪せず、積極的に写真撮影に臨むのも、文明開化を理解している証拠であった。実際、講習所に通う京都公家華族たちは、「自由亭」という京都の写真館で撮影している。これ以外にも撮影の機会はあったと思われるが、予想以上に京都公家華族の肖像写真を見つけるのは難しい。

そのようななかで確実に彼らの被写体が残されている写真群が存在する。それが明治天皇の御下命に応じて献上された肖像写真である。だが、この肖像写真の存在は著者が論文で紹介するまで世に知られておらず、また皇居内に秘蔵されていたため、現物を目にすることもできなかった。それが最近、宮内庁三の丸尚蔵館で献上写真帖が公開され、肖像写真の確認が可能となった。本書のいたるところに挿入されている京都公家華族の肖像写真は、この献上写真帖におさめられているものである。

献上写真は、明治十二年十一月十九日に天皇が宮内卿に命じたのにはじまる。これにより宮内省は皇族と華族および奏任官以上の政府官員に対し、自身の肖像写真を献上するよう指示した。撮影場所は大蔵省印刷局写真科が指定され、撮影は十二月に宮内省・元老院の関係者、翌十三年一月に太政官、各官省、陸海軍人、三月に東京華族、四月に京都華族という順序で進められた。また三月に奏任官、四月に太政官・各官省・華族へ対し、写真に添える詩歌の詠進が求められた。

写真の台紙下には位階・勲等・官職・氏名を明記したものと、台紙に張り込まない原紙を含め四枚を宮内省に提出した。撮影された肖像写真を見ると、楕円形に縁取られた黒の背景とし、いずれも左右斜めに構えた座像となっている。服装は、文官であれば大礼服・

小礼服（燕尾服）・フロックコート、武官は陸海軍の正装か軍装、神官は祭服、僧侶は法衣であった（刑部芳則「まぼろしの大蔵省印刷局肖像写真」）。

海外や地方在勤の者は現地の写真館で撮影することを認めていた。この規程にしたがって、京都公家華族の肖像写真は部長局分局に設置した撮影所で撮影された。明治十三年三月二十九日には八十七名の撮影日割が決まった。四月五日から十日まで午前と午後に分けて撮影は進められた。当時の写真撮影は日光の力を借りないと鮮明に写らず、曇天や雨の降る日の撮影は難しかった。分局での撮影は、天候に阻まれることもなく順調に進んだが、なかには都合がつかず、予定日に撮影できなかった者もいた。病で自宅にふせることの多かった東坊城任長《ひがしぼうじょうただなが》は、四月十四日に八坂社内の写真師鎌田永弼のところで撮影し、部長局分局に写真を送付している。

京都公家華族の肖像写真を確認すると、献上された写真帖には「京都府華族」と記されているものの、右の撮影日割に記載されていない者が十二名存在する。そこには京都公家華族を統括する山本実政も含まれており、なぜ彼が部長局分局で撮影しなかったのかは不思議である。それらを合わせて見ると、公家の装束である衣冠（祭服）を着るのは賀茂別《かもわけ》雷《いかずち》神社宮司兼大教正の六条有容《ありおさ》と、男山八幡宮《おとこやまはちまんぐう》兼中教正の梅渓通治《うめたにみちとう》に限られ、直垂に烏帽子を被るのは権少教正の粟田口定孝《あわたぐちさだのり》、非役有位の平松時言、三室戸陳光《みむろどたかみつ》、冷泉為紀《れいぜいためもと》、

図2　東坊城任長

図3　梅溪通治

図4　三室戸陳光

図5　西洞院信堅

芝小路《しばこうじ》豊訓《としよし》の五名、羽織袴を着るのは西洞院信堅《にしのとういんのぶかた》という結果になる。それ以外の者は、いずれも散髪にフロックコート姿であった。天皇に献上された肖像写真からは、京都公家華族たちが近代化に背を向けていたわけではなかったことが見て取れる。

天皇の行幸と蹴鞠

明治十三年七月に天皇は三度目の京都行幸をはたす。七月十四日、京都に到着した天皇は御小休所の東本願寺別業枳殻《きこく》邸に入った。ここでは奉迎に出向いた桂宮淑子《かつらのみやすみこ》内親王の名代、山階宮晃《やましなのみやあきら》親王・久邇宮朝彦《くにのみやあさひこ》親王・梨本《なしもとの》宮菊麿《みやきくまろ》王とともに、第六部長山本実政《さねのり》と京都在住華族総代西洞院信愛《のぶなる》（信堅の息子）が拝謁している。同所を後にした天皇は京都御所に向うが、建礼門前では飛鳥井雅典《あすかいまさのり》らが出迎えた。そして京都公家華族は御小座敷で天皇に拝謁した。

この日に久世通章は部長局から宮内省の御門鑑を得ている。御門鑑とは御所内へ入る際の通行許可証であり、天皇が住む東京の皇城内の出入には華族とはいえ御門鑑が不可欠であった。当時の京都御苑は立ち入りを禁じていなかったため、一般人も御所付近に近寄れたが、御所への出入は博覧会などに際しての特別観覧に限られている（伊藤之雄『京都の近代と天皇』）。京都公家華族たちへの御門鑑配布は、天皇が京都御所に滞在することにより、部外者の出入を禁じる措置に対応したのだろう。

久世が御所内の出入りを自由にする御門鑑を得たのには理由が存在した。それは京都御所で蹴鞠の天覧が決まったからである。明治十年に天皇が京都を行幸した際、華族会館分局の庭で蹴鞠の天覧がおこなわれ、天皇が「蹴鞠を保存せよ」（『蹴鞠保存会九十年誌』）と述べたという。今回の蹴鞠の天覧は、天皇の意向に応える意味を持っていたに違いない。明治十三年七月十五日には山本が、京都公家華族に飛鳥井の手による「蹴鞠次第」を口達によって知らせた。すでに家職が廃止されたとはいえ、飛鳥井家が蹴鞠に詳しいことに変わりはない。久世は飛鳥井から蹴鞠用の紫袴を借り、十五日から十七日まで部長局での蹴鞠の練習に参加した。

そして七月十八日早朝の最後の練習を経て、午後四時に京都公家華族たちは「蹴鞠人休所」および「着替所」となった京都御所の小御所に集まり、同所で蹴鞠装束の水干に着替えた。蹴鞠は小御所と御学問所の池を背にした中庭で同時三十分にはじまり、初座から五座まで十九名の京都公家華族が交替して鞠を蹴った。天皇は玉座の置かれた御学問所から侍従や官員とともに眺め、京都公家華族は小御所と御学問所を結ぶ廊下から見物した。御門鑑を持たない一般人は見ることができなかった。

天皇と公家華族の特別な関係が、蹴鞠を通して再確認されたひとときであったといえるだろう。数日前から蹴鞠の練習をしていたが、わずか数回でできるようになるものではない。技術的に上手い者と下手な者の玉石混淆があったにせよ、京都公家華族は蹴鞠の素養があったのである。これは天皇と特別な関係にある公家華族ならではの技能に他ならない。蹴鞠がおわると京都公家華族たちは小御所に集まり、天皇から酒肴を賜った。その翌日の七月十九日には、前回の行幸と同じように天皇から京都公家華族一同に三百円が下賜された。

蹴鞠の天覧は、京都公家華族たちに蹴鞠を継続することの重要性を意識させる出来事となった。これを境に久世は飛鳥井家で開かれる蹴鞠の練習会に参加している。そして明治十七年には飛鳥井を中心とする蹴鞠保存会が設立されるが、その前提には蹴鞠を残すようにという天皇の要望があった。これにより蹴鞠は単なる遊戯ではなく、公家特有の技能を継承する文化事業となっていくが、蹴鞠保存会については本書のおわりに話すこととする。

京都公家華族の特別職

天皇の御下命により写真撮影をした京都公家華族の姿からは文明開化が、蹴鞠の天覧試合からは公家の古風な姿が見て取れる。同じように会館分局内の講習所に通う一方、そこに通う者も通わぬ者もつとめた勤番制度とでは、京都公家華族の新旧両面がよくあらわれている。勤番制度とは「京都に残る公家華族」でも既述した近世の「禁裏小番」制度のことである。宮中の勤番制度は明治三年十一月に内番所が、十二月に京都の各祗候《しこう》が廃止になったが、同九年四月に東京では宮中侍候、六月に京都では桂宮祗候として再編された。さらに同年十二月に宮中祗候、桂宮淑子内親王家祇候と改称された両祇候は、政府官職に就けない華族の生活保護対策として設けられた。

今出川通りに面する桂宮邸は京都御所の北東にあり、そこに一日六名、総計四十二名の公家華族が日替わりで詰める制度が桂宮淑子内親王家祇候であった。高齢や病気の者を除く京都公家華族のほとんどがつとめた。年俸は七十円であり、人数が多いので当番が回ってくるのは、一週間のうち一度にすぎない。明治十四年十月三日に淑子内親王が薨去して桂宮は絶家になるが、翌十五年一月十三日に京都宮殿勤番と名称を変えて制度は残された。これにより桂宮邸だけではなく、京都御所や大宮御所など管理する範囲が広がった。

この「禁裏小番」を髣髴《ほうふつ》とさせる制度が再編されたころ、岩倉具視の体は癌におかされていた。岩倉は、天皇の代替わりの儀式である即位式と大嘗祭《だいじょうさい》は京都御所で挙行すべきであり、そのためにも御所の保存が必要だと主張していた。明治十六年四月二十六日には、太政大臣三条実美が宮内省に「御即位幷ニ大嘗会ノ盛典ハ、嗣今於西京御施行可相成旨被仰出候、就テハ宮闕《きゅうけつ》保存ノ義於其省可取計」（「例規録」式部職、明治十六年）という通達を出した。岩倉の意向どおり、京都で即位式と大嘗祭をおこなうため、京都御所を保存するよう宮内省に命じたのである。七月二十日に岩倉が死去すると、九月二十二日に京都宮殿勤番は殿掌・殿部・殿丁へと変更されて組織が拡大した。十月十五日には桂宮邸に宮内省京都支庁が設置され、そのもとに殿掌・殿部・殿丁が政府官員として置かれた。

殿掌は旧堂上公家に限られたが、殿部や殿丁には旧地下官人や公家の家来などが含まれた。彼らも再就職先が見つからず、生活に困っていたのである。殿掌・殿部・殿丁の管轄は八区に分けられ、第一区を紫宸殿など、第二区を清涼殿など、第三区を御常御殿など、第四区を飛香舎皇后宮御殿など、第五区を小御所や麝香間《じゃこうのま》など、第六区を御学問所など、第七区を大宮御所など、第八区を修学院離宮や桂離宮などとしていた。

仕事内容は朝出勤すると窓や扉を開放し、夕方になると窓や扉をすべて閉める。昼間に三回、夜間に一回、建物の周囲を巡回し、毎月一回、殿上と廊下を掃除する。それ以外の時間は詰間において待機である。窓や扉の開閉や掃除などは殿部や殿丁の仕事であり、殿掌は見回り監督役にすぎない。これで年俸百円（殿掌取締は百三十円）を得られるのだから、京都公家華族にとってはおいしい仕事である。

だが、明治十九年二月五日の宮内省官制の改正により、宮内省支庁が廃止になると、殿掌・殿部・殿丁の定員数は大幅に減少している。それは前年十二月の太政官制から内閣制への移行を受けての改正で、いつまでも前近代的な勤番制度を残しておくことは望ましくなかったからである。実際、東京に置かれた各勤番は廃止されている。その一方で定員数が減少したものの、殿掌が京都公家華族の重要な役職として残されたのも事実である（刑部芳則「宮中勤番制度と華族」)。

講談会の開催

京都には明治八年七月に創設された天橋義塾をはじめ、明治十四年までに五十あまりの民権結社が組織されており、京都公家華族を取り巻く環境は民権運動とけっして無縁ではなかった。新島襄が設立した同志社英学校は、講習所が置かれた華族会館分局の目と鼻の先である。教育理念は異なるものの、同志社英学校に通学する学生のなかにも民権運動に加担した者がいないとは限らない。実際、東京公家華族の四条孝丸（のちに一条家の継養子となり、一条実輝《さねてる》と改名）が「弁学会」という民権運動家も出席する弁論会に参加しており、京都でも奈良華族の芝亭実忠《しばていさねただ》が「大日本振義会」という政談演説会の創設にかかわり、全国を遊説する「無頼ノ輩」と往来および連絡しているとの嫌疑が持たれている。

そのような風潮のなか、明治十五年十一月十日には「政談社加入等之義ニ付伺口上書」という文書が作成されているが、差出人および受取先は記載されていない。文面内容からして講習所に通う華族が、京都府に差し出したと考えられる。そこでは右の四点が確認されている。

一、政事ニ関スル事項ヲ講談論議スル為メノ結社ニ同盟加入致シ候テ不苦候哉《くるしからずそうろうや》、

一、公衆ニ対シ政事ニ関スル事項ヲ講談論議候モ不苦候哉、

一、学術会其他政事ニ関セサル事項ヲ公衆ヲ集メ講談論議候テ不苦候哉、
一、若《も》シ右ノ三項ヲ為シ得サルモ政談演舌及学会等ノ会場ニ臨ミ其講談論議ヲ傍聴候ハ不苦候哉（「東坊城任長日記」明治十五年十一月十日条）

京都公家華族が民権結社に加入してもよいか、公衆の面前で政治議論をおこなってもよいか、学術や政治に関与しない問題について公衆を集めて演説してもよいか、政談演説会に出席してもよいかという。これに対して受け取った側は、右の内容はいずれも法律上で問題はなく、希望者はその理由と姓名を明記して届け出るように回答している。講習所に通う公家華族たちが民権運動に参加したとは思えないが、彼らが国政参加を意識していたあらわれと判断できる。

政府が民権運動を抑止する目的で制定した集会条例に抵触しないとわかると、講習所では明治十六年七月二日および三日に講談会が開催されている。これは講習所に通う公家華族たちが、それぞれ講義内容から興味関心を抱いた内容を独自に調査研究した成果を披露するものであり、官憲が危険視する政談演説会とは違った。

押小路董丸「月蝕ノ説」や町尻末丸「日蝕ノ説」など自然科学の報告をする者もいたが、舟橋遂賢《ふなはしなるかた》「封建制度ノ利害」などの政治内容や、高野保誠《やすなる》「神武天皇ノ東征」のような天皇を中心とした歴史を考えるものが目立つ。講習所に通う京都公家華族の多くは政治内容

に関心を持ち、将来議会が開かれた際に議員になることを意識していたのである。

講習会への再編

明治十七年一月十二日の午後三時から、会館分局内の一室と考えられる京都華族試業社内画学場で講習会の設立に関する集会が開かれた。従来の講習所に代わる講習会の設立発起人には、石野基佑《いわのもとすけ》と久世通章がなり、両者の呼びかけに応じて当日は梅渓通魯《うめたにみちさと》・梅小路定行《うめこうじさだゆき》・清閑寺愛房《せいかんじなるふさ》・町尻量弘《まちじりかずひろ》・穂穙俊香《ほずみとしか》・愛宕通則《おたぎみちおさ》・高丘礼季《ひろすえ》・池尻知房《いけがみともふさ》・杉渓言長《すぎたにときなが》・藤谷為寛・舟橋遂賢・高倉永則・油小路隆元《あぶらのこうじたかちか》が参集した。予定がつかなかったのか、持明院基哲《じみょういんもとあき》・入江為守《ためもり》・六条有熙《ありさと》は欠席している。

久世は参集者に陸軍士官学校予備生徒隊の設置が決定されたが、京都公家華族はとりあえずそれに相当する講習所で勉学すべきであるという、前年に東京から京都へ出張してきた五辻安仲の演舌内容を示した。また講習所での勉学が重要であるのは、そこに通学する華族が午前十一時までなら殿掌の遅参も許容されてきた事実が裏づけている。それにもかかわらず、会館改革によって講習所が廃止されたのは残念でならないから、今後の運営費は通学する華族が一円ずつ出し、講師を招聘して勉学を継続しようではないかと説明した。

この説明が終わると舟橋からは、講習会の設立は単に陸軍士官学校予備生徒隊の予備機関を目的にしているのか、講習会が予備機関に限られないのであれば賛同するとの質問が出された。この質問は、舟橋が軍人になることを意識せず、自身の将来を政治家として考えていた点をあらわしていて興味深い。舟橋が上院議員を目指していたことは、後述する彼の行動から明らかとなる。久世は学友からの鋭い質問に対し、講習所廃止を惜しみ、加えて陸軍士官学校予備生徒隊の問題があり、予備機関に限るものではないと回答している。

参加者に賛否が求められると、回答に納得した舟橋をはじめ、梅小路・杉渓・藤谷・高倉が参加および出金に賛同した。町尻・池尻・穂穠・清閑寺・愛宕・高丘も賛同したが、出金については帰宅してから回答したいと申し出ている。「困窮する公家華族」で確認するが、負債を抱えて家計状況が苦しいのは、どの家でも同じであった。家によっては一円といえども、当主である父や家計を支える家令扶の意見が必要となったことがうかがえる。その結果、高丘の父紀季から礼季の通学を見合わせたいという回答を除き、いずれも出金が認められた。

その一方で梅渓は、現段階では通学ができないというが、設立および出金には賛同している。設立に反対したのは油小路に限られた。両者の具体的な理由は判然としないが、梅渓は体調不良と考えるのが自然であろう。油小路は、講習所の政治的役割を意識した学習内容や、それに軍人的要素が加味された講習会の設立に反対しているところから、自身の役割を政治家や軍人ではないものに求めていたといえる。また当日欠席した入江為守（冷泉為理《ためただ》の四男）は設立に前向きな姿勢であったが、彼が意見を求めた後見人の冷泉為紀

図6　久世通章

図7　舟橋遂賢

（為守の兄）から異論が出たため、参加を諦めている。

講習会の講義模様

「講習会雑則」によれば、講習会は読書と算術などを研究することを目的としていたが、「日本政紀」と「孟子」の講義を主とし、算術および質問は余った時間におこなわれた。教師には北村龍蔵が中心となり、算術は公家華族の三室戸《みむろど》治光《はるみつ》が受け持った。講義は明治十七年一月二十二日から開始されたが、講義中に北村のいうことにしたがう者は少なく、とくに久世通章と舟橋遂賢は常に反論していた。

道徳を重視する「経書」の講義では、それをまったくわきまえずやるから、北村が歎くのも当然であった。ついに「孟子」の講義中に北村と両者との間で口論となる事件が起きた。北村は、両者が相手に口論で勝ちさえすればよいという考え方をあらためる必要があると感得し、それまで休会することを告げた。講師の北村を欠いては講義ができず、参加者も困ってしまう。そこでしばらくの間、久世は講義に出席しても質問や反論をしてはならないという条件がつけられた。久世と舟橋は帝国議会が開かれると貴族院議員に選ばれるが、両者は早くから論客としての才覚をあらわしていたのである。

講習会の講義は途絶えずに済んだが、五月にはすぐに後述する陸軍士官学校の特別コースに入校のため高倉永則・梅小路定行・清閑寺愛房が、六月には法律を専門に学ぶため穂穙俊香が講習会を退会した。参加人数が減って寂しくなったとはいえ、六月二十日には講義内容を東西の歴史・語学・法律と拡充する「講習所課業及時限表」が作成されている。教師には山岡道行を加え、従来の講義や算術は甲乙丙丁の四種に分けておこなう予定でいたことが見て取れる。講義は最長でも午前中におわるようになっているが、開始時間は午前六時であるから、現代人に比べて一日は早くはじまり早くおわっていたのである。

講習会から講習所へと戻す狙いであったが、この直後には戻すどころか講習会の継続すら危うくなり、少し後で触れる学習院分院設置の問題へと展開していく。

有爵者の役割

繰り返しになるが、華族に与えられた勅諭のなかには「四民ノ上ニ立」「国民中貴重ナ存在」という語句があったものの、具体的にどのような役割であるのかは明示されなかった。それゆえ勅諭から数年が経つと、常職に就けない華族が目立ち、なかには不慣れな商売に手を出して多額な負債に苦しむ華族もあらわれた。華族は国民の模範的存在になる必要があったが、その役割を各個人で見出して成功へと導くのは簡単ではない。

それぞれの資質

そのような状況を見かねてか、明治十二年二月七日に慶應義塾の福沢諭吉は岩倉具視に「華族ヲ武辺ニ導ク之説」を送り、華族が軍人になることを説いた。長文の論説のなかでは、華族は都市だけではなく地方の人たちからも名望があるから、名望を保つためにも兵卒ではなく将校に就く必要があると論じる。そして「海陸軍ノ士官学校ニ入レ最初ヨリ士官ノ技術ヲ教ル事」という。

福沢の意見に対する華族たちの反応は冷ややかであった。「福沢諭吉建言ニ付華族答議」という史料では、「異存無之《これなし》」という回答を含めて「同意」「賛成」した華族は十五名にすぎず、「不同意」が五十四名、それ以外の意見が六名を数えた。東京の華族会館で各宗族に配布され回答が求められたため、京都公家華族たちは回答を寄せていない。その代わりとして、東京に移った公家華族の意見を取り上げることとする。

広橋賢光《まさみつ》は「西南ノ役有栖川宮之カ総督トナリ、戊辰ノ役皇族公卿各々一道ノ将トナリ、而《しか》シテ諸軍ヲ帥《ひき》ヒテ以テ其代ヲ立テ、其功ヲ奏シタルモ畢竟《ひきよう》皇族ニハ則《すなわ》チ皇族ノ名望アリ、公卿ニハ則チ公卿ノ名望アリテ、而シテ大ニ兵気ヲ助クル所アレハ也」と、皇族や公家華族のような名望が兵士たちの士気を高めるのには不可欠であると論じる。したがって広橋は、兵士の上に立つ将校を華族がつとめることを勧める福沢の建言に賛同したのである。

だが、そのことを認めつつも福沢に師事した菊亭脩季は、「人生強弱アリ人ニ見込差異アリ」と否定している。蒲柳《ほりゆう》の質の者や、他に秀でた才能のある者は、軍人とは異なる道を進むべきだという意見である。菊亭は、西南戦争に際して従軍を希望するも願いがかなわなかったため、軍人になることを諦めて農業の道を模索した。この回答を提出した数年後には、北海道に移住して開拓事業を展開する（刑部芳則「公家華族の経済的困窮と打開策―侯爵菊亭脩季の挑戦―」）。公家華族としては珍しい希望を持っていたわけだが、軍人とは違う道を進もうとする思いは菊亭に限られてはいない。

京都府知事をつとめた長谷信篤《ながたにのぶあつ》は、「武ニ従事シ、堪ヘサル者ハ文事ニ勉励セシムヘシ、是其器《これそのうつわ》ニヨリテ之ヲ用ユルモノト云ヘシ」と答え、交野時万《かたのときつむ》も同様の意見を主張している。両者の主張は、華族の役割を軍人に限定することに対する反論であった。そのような反論は、武家華族たちの言説にもあらわれていた。福沢の建言に「不同意」と回答を寄せる華族たちは、軍人とは異なる自らの役割を見出していたのである。

陸軍予備士官学校

明治十四年四月七日に岩倉具視は、「華族ノ義ハ兼テ勅諭モコレアリ、各自奮励文武ヲ研究スヘキハ勿論ニ候得共《そうらえども》、少壮ノ者ハ一層精神ヲ発揮シ、成ルヘク陸海軍ニ従事候様可心掛《こころがけるべし》」（『華族会館誌』上、明治十四年四月七日条）という論達を華族に伝えた。さらに翌年の明治十五年四月に陸軍卿山県有朋は、岩倉の依頼を受けて「華族陸海軍従事ノ儀」を調査しており、「華族ハ総テ武勲ヲ以テ家ヲ興セシ者ヨリ成リ、況《いわ》ンヤ軍隊ハ天皇陛下ノ直轄ニ属スル者タルニ於テヲヤ、之レ則チ、華族タル者、率先シテ軍人トナラザルベカラズ、又其子弟ヲシテ教育ヲ設ケ、之ヲ誘掖シテ、軍人タルベキ精神ト能力トヲ養成セシメザル可カラザル」（『保古飛呂比《ほごひろい》』一一）と主張する。もっとも、山県の主な対象は公家華族よりも武家華族を想定していたように思われる。というのは、右の山県の文面の直後に三条実美が大山巌に宛てた明治十五年四月十日付の書翰で「万石以上華族云々、山県ノ見込委細承リ候」（同上）などと記されているからである。

明治十六年十月二十三日には陸軍士官学校予備生徒隊の設立が認可され、同年から五年間にわたり毎年三千円下賜されることとなった。* 明治十七年二月二十五日に華族会館で陸軍士官学校特別コース入学に向けた内試験が実施された。試験問題は、『日本外史』と『日本政記』に訓点を付すものと、和漢文各一問、算術であった。京都の華族会館分局では三月三日に華族会館から出張してきた幹事醍醐忠敬《だいごただゆき》が、陸軍士官学校予備生徒隊の設立の趣旨および手続方法を説明した。京都華族には規則書が渡され、三月六日までに入校希望の可否を提出するよう命じられた。

怪しむべき診断書

陸軍士官学校特別コースへの入校可否期限となった明治十七年三月六日、久世通章は華族会館長伊達宗城《だてむねなり》宛に左の書面を提出した。

今般陸軍予備士官学校設立ニ付、先年来屢々《しばしば》勅諭アリシ同族陸海軍ニ従事スヘキノ聖旨ヲ奉体シ進テ志願入校可仕之処、天資薄弱迚《とて》モ難堪《たえがたき》様《よう》医師診断仕候ニ付、乍残念

志願不仕候、依テ容体書相添此段御答仕候也。　（「雑記」明治十七年三月六日条）

これを現代語訳すると〈陸軍士官学校予備生徒隊の設立については、前年から繰り返し華族は陸海軍に従事するようにとの天皇の御言葉を受け、同校への入校を志願したいのだが、医師からの診断によれば天から与えられた資質が乏しく軍人になるのは難しいとのことであり、残念ではあるが志願を諦める。診断書を添えてお答えする〉となる。そして添えられた診断書というのが次の書面である。

右天稟《てんぴん》脆弱之処七ケ年前劇性ノ脳充血ニ罹《かか》ル、爾来時々脳震盪《のうしんとう》ノ症況ヲ継発シ、忽焉昏倒シテ人事不省トナリ悪心嘔吐、其他脳ノ官能妨碍サレ一身脱力シテ記臆乏弱、或ハ頭痛眩暈等ノ症状ヲ発スルコトアリ、依テ対症ノ治療ヲ施シ適宜ノ摂生ニ注意罷《まかり》在《あり》候也。　（「雑記」明治十七年三月六日条）

再び現代語訳してみると、〈久世通章は七年前に脳充血に罹り、それ以来ときどき脳震盪が発症し、倒れて気分が悪くなって嘔吐し、脳の障害により体の力が抜け、記憶力が乏しく、または頭痛や眩暈《めまい》などを起こすこともあり、こうした症状に対する治療や摂生をおこなわなければならない〉と記されている。

両書面の文意を素直に受け取るならば、久世は陸軍士官学校特別コースに入学したかったにもかかわらず、脳充血に罹ってから体が不自由となってしまったため、入学願いは諦めるしかないということになろう。この診断書が真実だとすれば、七年前というから明治十年、久世が十八歳のときに脳溢血で倒れたことになる。だが、久世は講習会に日々通い、余暇には学友たちと遠出を繰り返し、蹴鞠や玉突きなどの遊戯を楽しんでいる。日常生活において、体の力が抜け、記憶力が乏しく、頭痛や眩暈に苦しむ者が、そのような活動をはたしておこなえるだろうか。

その後の久世の人生を眺めて見ても、彼の回答書面および診断書は額面どおり受け取ることはできない。この診断書は、京都市上京区第二十組大黒屋町で開業する医師大村達斎の手による。怪しむべきは、三月五日の午前十時に「大村達斎来診ス、依テ容体書ヲ依頼ス」と、久世が大村を自邸に招いて診察の後、診断書の作成を依頼していることである。そして診断書を提出した六日の午後五時にも「大村達斎来診之事」と、診察に来ている。想像を豊かにすれば、前者の診察は入学ができないような重度の症状を記した診断書の作成を依頼し、後者は診察というよりも診断書を無事に提出したことを語りあったのではなかろうか。

いずれにせよ久世の真意は、別のところにあった。講習会に通う久世は、舟橋と同様に将来の自身の役割を国政の場に参加すること、国会が開かれた際の上院議員をつとめることを想定していた。陸軍士官学校特別コースへの入校は、目標とすべき役割を変更することになる。久世のような手段を取った京都華族は他にも大勢いたようである。そこで五月一日に華族会館分局は、先に提出した診断書だけではなく、分局内で軍医の診断および体格試験を実施している。さすがに観念した久世は体格試験を受けたが、結果は不合格であった。小細工をしなくても、彼には軍人としての素質がなかったといえる。

華族令の衝撃

陸軍士官学校予備生徒隊の問題が一段落すると、明治十七年七月七日に華族令が公布され、公爵・侯爵・伯爵・子爵・男爵の爵位制が設けられた。爵位は「叙爵内規」と呼ばれる基準にもとづいて選定がおこなわれた。公家の場合、公爵には摂家、侯爵には清華家、伯爵には大納言まで宣任した例の多い旧堂上家から選ばれた。それ以外の羽林家・名家・半家など平堂上は子爵となり、奈良華族および神官華族は男爵であった。一方の武家は、公爵は徳川宗家、侯爵は御三家・現高十五万石以上の諸侯、伯爵は御三卿・同五万石以上の諸侯、子爵は同五万石未満と、石高が基準とされた。これ以外には公爵および侯爵から分家して華族に列せられた家、旧尾張名古屋藩家老竹腰正己のような一万石以上の旧家老家、新田義貞や菊池武時など天皇の忠臣の子孫に男爵が授与された。

また維新の功労者を新華族とし、木戸孝允と大久保利通の嗣子に侯爵、伊藤博文・山県有朋・井上馨・黒田清隆・西郷従道《じゅうどう》ら十六名に伯爵、樺山資紀《かばやますけのり》・品川弥二郎ら十四名に

図8　小倉長季

子爵が与えられている。

維新の功労により、本来侯爵である三条実美は一階級特進、子爵である岩倉具視は三階級特進で両者は公爵となった。同じく旧鹿児島藩知事の島津忠義《ただよし》と旧山口藩知事の毛利元徳《もとのり》にはそれぞれ公爵、忠義の父久光には別に公爵が与えられた。「勝てば官軍」「維新の勝者」という言葉があるとおり、維新の功労の差異にはお手盛り感がないではないが、それを除くと爵位の選定は平等におこなわれたように見える。だが、古い慣習に精通し、先例を重んじてきた公家華族たちから見れば、「叙爵内規」は満足のいく調査結果ではなかった。

京都公家華族の大半は子爵であり、残りの過半数は奈良華族の男爵が占めた。子爵を授爵された東坊城任長には、東京で侍従をつとめる宗族の高辻修長から授爵に対する感想の手紙が送られている。高辻は「新家同様被授子爵赤面之意非無之候、五条も欣然之色不相見」（「東坊城任長日記」明治十七年七月二十一日条）と、維新の功労で華族に列せられた新華族たちと同列の子爵になったことを恥ずかしく思うと伝え、宗族の五条為栄《ためしげ》も喜びの顔を見せていないという。

華族令が公布されたとき、橋本実梁《さねやな》は「維新以前諸儀式取調」のため京都に出張していたが、その内容を知ると不満を隠せなかった。子爵を授爵した六条有熙については、四位参議に任じられず、中納言を辞退したのちに大納言の宣下を受けるといえども、家格としては伯爵が妥当だという。また小倉家については、近年は中納言から大納言に任じられていないが、代々四位参議を歴任し、正親町《おおぎまち》家の始祖の伯父にあたり、家を起してから六百年の歴史がある。それにもかかわらず正親町実正《さねまさ》が伯爵を授爵したのに対し、小倉英季《ひですえ》が子爵であるのはおかしいという。最後に橋本は、誰の調査によるのか理解ができないと愚痴を記している。

ここで橋本が小倉に言及しているのにはわけがある。実梁の父実麗《さねあきら》の兄弟である長季《ながすえ》は、小倉輔季の長女季《すえ》子と結婚して小倉家を継いだ。小倉家の当主は実梁の叔父にあたる。ちなみに叔母の経《つね》子は皇女和宮《かずのみや》の生母であり、実梁の妹の麗子は東坊城夏長に嫁いでいた。夏長は任長の兄である。大納言および中納言を数代にわたってつとめた橋本家は伯爵を授爵できたが、公家華族の過半数は子爵であった。日記には出てこないが、橋本は京都滞在中に公家華族たちと会っているから、集まるたびに華族令は調査不足であると愚痴をいいあったのではなかったか。

七月七日と八日はどこにいた

有爵者になるためには、天皇から華族に列せられ、爵位を授与されなければならない。華族に列し、爵位を授与する行為を「授爵」または「叙爵」と呼び、爵位を受ける者を「受爵」という。明治十七年七月の授爵者は膨大な数におよんだため、七月七日・八日・十七日の三回に分けておこなわれた。七日の授爵式は公家と諸侯の公爵から伯爵と、新華族の伯爵と子爵、八日は父具視の勲功により公爵を得た岩倉具定、伯爵の松浦詮《あきら》と宗重正《そうしげまさ》を除けば、公家と諸侯の子爵と、奈良華族および神官華族など男爵を対象に挙行された。また十七日はいずれも新華族であった。

赤坂仮皇居（明治六年五月の皇城焼失により旧和歌山藩中屋敷を再利用していた）で挙行された授爵式では、天皇の面前で宮内卿から爵位を示す爵記に代わる仮宣旨が渡された。爵記とは、上部中央の菊紋を左右の葉が囲み、上部左右の端に鏡、下部中央に玉、上下に二個ずつ剣を交差させた構図を縁取りに使用し、その縁取りを公爵（紫）・侯爵（緋）・伯爵（桃）・子爵（浅黄）・男爵（萌黄）と、爵位に応じて色分けしたものである。爵記用紙の製作は大蔵省印刷局でおこなわれ、明治十八年十一月十六日に原版が完成している。つまり最初の授爵式は、爵記の完成よりも前に挙行されたため、それに代わる仮宣旨が渡された

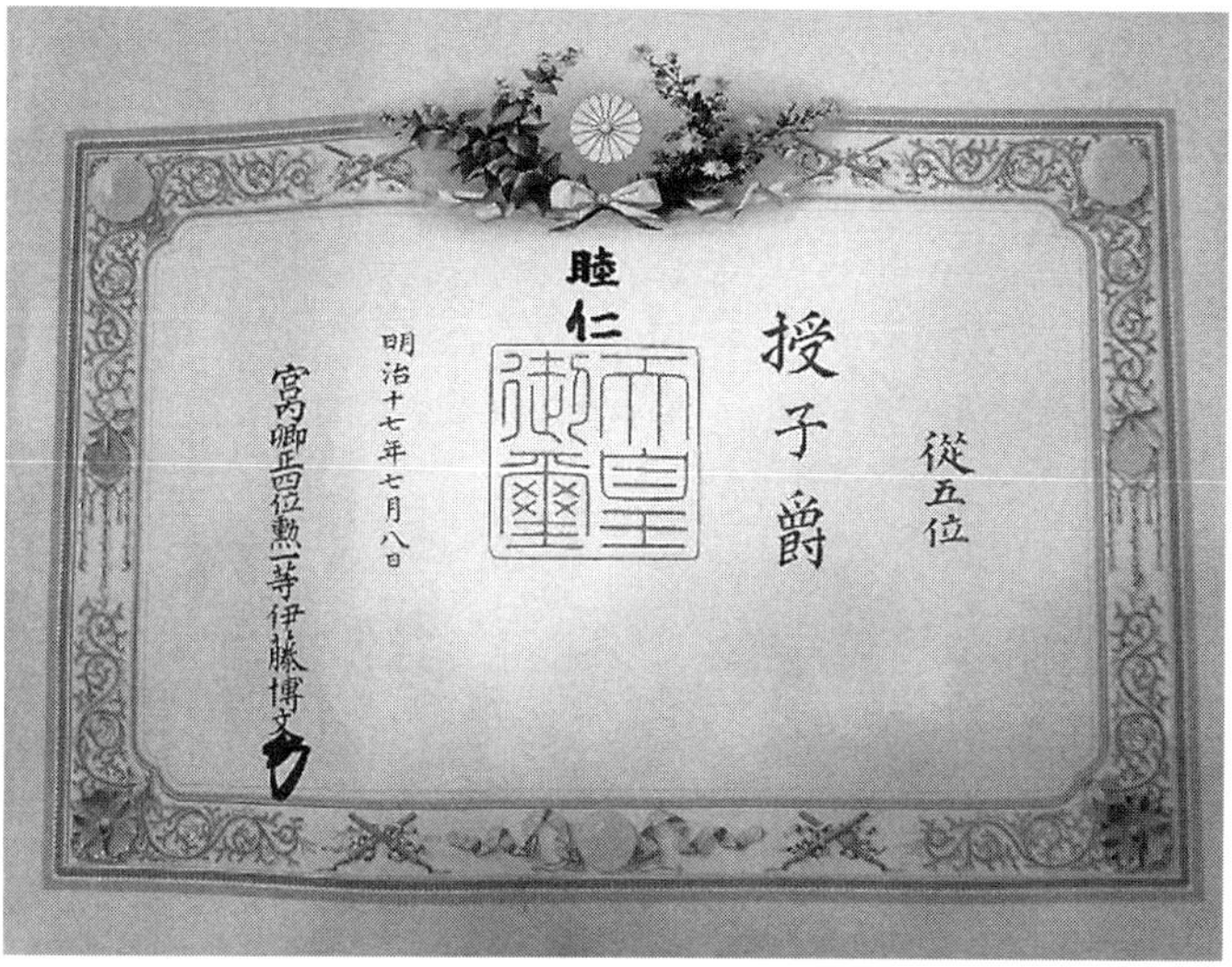

図９　京都公家華族の爵記

のである。

式場とは別室で華族令の勅書写が渡されると、誓紙に氏名を明記した。その後、誓紙を皇室の霊を祀る賢所に奉納し、華族としての体面を傷つけず、重責をはたすことを誓約する。これらの儀式を受けて正式に華族として認められ、爵記は自身が有爵者である証明書といえる。となれば、京都公家華族たちは全員上京して授爵式に臨んだに違いない。

そこで久世通章の七月七日と八日の日記を確認すると、七日は「午前九時講習会へ行、十一時三十分帰宅ス」、「午后一時杉渓言長、町尻量弘来リ、書籍調ノ手伝ヲナセリ」、八日は「午前九時講習会へ行、十一時帰宅」、「午后四時ヨリ千種方へ行」（「雑記」明治十七年七月七日条・八日条）などとあり、従来と変わらず京都での生活を送っていたことが見て取れる。それは久世にとどまらず、講習会に通う者たちにもあてはまる。

どうも様子がおかしい。彼らは東京に上京した気配が見られないのである。これでは辻褄が合わないが、その疑問点を解決してくれる史料が存在する。それが宮内庁書陵部宮内公文書館所蔵の「授与式録」である。明治十七年七月の授爵式を見ると、京都公家華族が全員欠席していたことがはっきりする。彼らは天皇の面前で爵位を証明する仮宣旨を受け取る重要な儀式が挙行されることを知りながら出席しなかった。この行為を華族令の授爵基準に対する不満から、京都公家華族が儀式をボイコットしたと判断するのは早計である。

公家華族は前近代から官記や位記を拝受してきたが、それらを天皇の面前で必ず得ていたとは限らない。体調が悪い場合や、他の用向きで出られないなどの理由により、儀式を欠席することもあった。つまり新華族たちとは異なり、爵記の拝受方法にこだわっていない。それは天皇と近い関係性にあるため、天皇に接する機会の多い公家華族ならではの感覚といえる。明治十九年十二月、京都公家華族の爵記は、宮内省華族局から京都府知事北《きた》垣国道《がきくにみち》に送られた。京都公家華族は、仮宣旨と交換するかたちで北垣から爵記を受け取った（刑部芳則「明治時代の授爵式と華族」）。

有爵者大礼服の着用義務

皇族と華族をはじめ、政府官員たちは国家の祝祭日に際して大礼服と呼ばれる特別な礼服を着て儀礼に参加した。明治五年十一月十二日に制定された文官大礼服は、勅任官・奏任官・判任官という政府の官等に応じて分かれている。同日制定の非役有位大礼服は、四位以上を勅任官相当、五位以下を奏任官相当とし、政府官員との差異が示された。いずれも桐唐草紋の金モール刺繡（判任官は銀モール、非役有位大礼服には唐草がない）で縫われた豪華絢爛たる服であり、後年の新聞記事では俗に「金ピカ服」とも呼ばれている。明治六年二月二十日に制定された皇族大礼服は、臣下と区別するため菊紋が採用され、同九年十月十二日の改正では菊葉紋様へと変わった（詳しくは、刑部芳則『明治国家の服制と華族』を参照されたい）。

図10　梅渓通魯
（杉謙二編『華族画報』より）

華族で政府官員をつとめる者は勅任官および奏任官の文官大礼服を着用したが、多くは官職に就いていないため非役有位大礼服を着ることとなった。ところが、大礼服の調製費用は個人負担であり、一着安価でも百円以上する高級品であることに加え、明治十年代までは東京や横浜など限られた洋服店でないと調製できなかった。京都の公家華族は上京しなければ注文できず、調製費用を工面する余裕もない。そこで彼らは、大礼服制の特別措置である小礼服（燕尾服）を代用していた。

華族令を受けて明治十七年十月二十五日に有爵者大礼服が制定された。この大礼服により祝祭日に際しては有爵者であることだけでなく、公爵・侯爵・伯爵・子爵・男爵の差異を明示できるようになった。すでに隠居している先代や未襲爵者は非役有位大礼服を着たから、有爵者大礼服は爵記を与えられた華族の当主本人しか着用できない。栄誉ある有爵者大礼服は明治十八年一月の新年朝拝から着用が義務づけられた。この通達を受けた京都公家華族たちは、栄誉だと感じる喜びよりも、従来の小礼服代用が認められなくなり、二ヵ月以内に高価な大礼服の調製に迫られた衝撃のほうが大きい。

このころ、京都公家華族たちの間では学習院分院設置の計画が持ち上がり、計画を実現させるため、久世通章と山科言綏《ときまさ》の両名が代表となって東京に上京した。この話題は後述するが、十一月二日に京都へ久世が戻ると、六条有容および梅渓通善《みちたる》が訪れ、学習院分院の件とは別に「有爵者服制之儀申込候事」を話し合っている。十一月八日には中院通富《なかのいんみちとよ》を筆頭に三十一名の京都公家華族が小礼服の代用許可を申し出た。そのなかに奈良華族が含まれていたのはいうまでもない。さらに十二月十七日には京都御所を管轄する殿掌をつとめる冷泉為理ら八名も同じく代用願いを提出した。

彼らの意見は経済的に困難な事情から高価な大礼服を調製できないと主張するところにあり、宮内省も京都華族は仕方がないと判断していた。そこで十一月八日の三十一名に対しては代用を許可した。また六条有容および梅渓通善など神官をつとめる者は、祭服（衣冠・狩衣・直垂・浄衣という前近代から存在する装束）を着用すればよく、大礼服の調製は必要なかった。殿掌という立場上、十二月十七日の八名の願い出は却下されたものの、京都の場合は東京と違って天皇がいないため、大礼服を着用しておこなう儀式は少ない。そのような事情も考慮し、京都公家華族には特別措置が取られたのである。

天皇不在の祝祭日

京都公家華族たちは天皇が再幸してから、京都御所で天皇に拝謁する機会を得ることができなくなった。そこで明治十一年四月三十日には、毎年春季に総代一名を投票で選び、東京に上京して天機伺いをおこなうよう定められた。総代には天皇より反物料百円が下賜され、京都公家華族には交通費と宿泊費を差し引いた金額が分配された。だが、もともと総代の必要経費は彼らの集金であったから、まったく利潤は得られなかった。

それはさておき京都の場合、一月一日の新年朝拝、一月五日の新年宴会、二月十一日の紀元節（現在の建国記念の日）、十一月三日の天長節（現在の文化の日）など、国家の祝祭日の儀式は、京都府庁で挙行されていた。天皇が出御する東京の皇城とは異なり主人があらわれないのだから、参庁した公家華族たちは空虚に感じたであろう。そこで明治六年九月に御軍服御正服を着た明治天皇の写真撮影がおこなわれると、「御真影（天皇と皇后の写真）」が京都府庁に下賜され、祝祭日の主役の代わりをはたした。祝祭日のうち新年宴会・紀元節・天長節では、京都府庁で公家華族に酒饌料が下賜された。

天皇が不在となった京都御所での儀式はおこなわれず、公家華族が参内した事実も確認できない。それが明治十七年一月から京都御所でも実施されるようになる。これにより明治十七年の紀元節および天長節から酒饌料の下賜方法も変わり、従来の東京から京都公家華族たち全員に分配することが廃止された。それまでは参庁の有無にかかわらず酒饌料が得られたが、今後は参内した者に限られるようになった。公家華族の参加を前提とした儀礼の執行は、国家の重大な儀礼の場として御所を保存する目的意識のあらわれともいえる。

これまで知られてこなかったが、京都御所には「御真影」とは異なる「油絵御写真」が掲げられていたのである。明治天皇と昭憲皇后の代わりとなる「油絵御写真」は、明治八年八月三日に東京から京都に運ばれた。「油絵御写真」は、本街道から三条通を経て、堺町より京都御所の南御門に到着すると、御所内に運び込まれた（「御役所日記」明治八年）。通常時に御所内のどの部屋に掲げられていたかは判然としないが、明治十七年一月一日に新年朝拝のため参内した久世通章は、紫宸殿《ししいでん》の御帳台に掲げられた御肖像に拝謁しているところからすると、同所であった可能性が高い。

ところが明治十九年になると、〈新年参拝では皇族や華族が数多く参内するため、当日は防寒対策として御所内の各所に火鉢を置いているが、これは火災の危険性が高いから、来年度から参拝を廃止にしたほうがよいのではないか〉（「例規録」式部職、明治十九年）という意見が出てくる。その結果、明治二十年から参拝は、大宮御所における紀元節および天長節に限られるようになる。京都御所を保存する目的で設置された宮内省京都支庁は廃止されるが、その任務は宮内省主殿寮《とものりょう》京都支局に受け継がれる。

また天機伺いの総代上京は、明治二十一年六月八日には毎年春秋の二回へと変更された。これは毎年一回の天機伺いでは、京都公家華族たち全員にその機会が来るとは限らないとの理由であった。明治二十年十月十五日に華族の地方移住が許可されると、旧藩地に戻る武家華族があらわれたが、彼らが毎年決まった時期に天機伺いをおこなっていた事実は確認できない。その意味から鑑みると総代の天機伺いは、天皇と京都公家華族の間を結ぶ特殊な儀礼であったといえる。

明治十七年四月十七日に学習院は宮内省管轄に置かれ、私立から官立学校になった。それにともなって翌十八年十一月十三日には学習院女学校が開校された。学習院女学校は幹事兼教授に就任した下田歌子が中心となって進められるが、そのような女子教育は「教育令」および「改正教育令」における男女別の教育理念を実行するものであった。先述した陸軍士官学校予備生徒隊の設置と重ねて見ると、この時機に華族教育機関の拡充がおこなわれたといえる。そうした動きは京都公家華族たちも感じ取っていただろう。だからこそ、この機会を逃してはならないと、京都にも学習院に相当する学習院分院の設置を願ったのである。明治十七年十月十三日、久世と山科は七条停車場から午前十時四十五分発の汽車に乗り、東京を目指して出発した。七条停車場では石野・杉渓・六条・舟橋・町尻など講習会の仲間が見送った。

学習院分院の設置計画

これに対して宮内卿伊藤博文は、まずは京都府内の小学校に通学し、そのなかで見込のある者を東京の学習院に進学させればよいではないかと回答した。上京に際して費用が困るのであれば、往復の旅費および学生服代金として五十円を援助しようとの配慮も示している。京都公家華族は五十余家と限られており、東京の学習院に加えて京都に彼らだけを対象とした学習院分院の設置は贅沢すぎると判断されてもおかしくなかった。久世と山科は、伊藤から色よい返事を得られないまま、十一月二日に午前十一時二十七分着の汽車で七条停車場に戻った。

それにもかかわらず京都公家華族たちは、すぐに学習院分院設置を諦めなかった。明治十八年六月に伊藤が京都に出張したとき、京都公家華族たちは祇園の中村楼に彼を招待している。そして七月から山口・広島・岡山巡幸が実施されると、天機伺いの殿掌総代に選ばれた山科は、山口まで出張して伊藤に加え北白川宮能久《きたしらかわのみやよしひさ》親王に分院設置を請願した。そして京都に戻った山科は、八月十八日に再び東京に上京し、伊藤と分院設置に向けて相談する意思を見せている。

管見の限りでは、これ以降に分院設置に関する京都公家華族の動きを示す史料は確認できない。伊藤との数度にわたる相談のかいもなく、分院設置計画は停滞をつづけ、そのうちに京都公家華族たちも諦めたと考えられる。東京の学習院では華族の過半数を超えなければ士族や平民の入学を認めていた。その意味からすると京都公家華族は、学習院分院の設置を華族はもとより、優秀な士族や平民を育成する京都の教育振興を図った計画と見ることもできる。

そのような計画だとしても、伊藤の判断が異なっていたことは既述した。また加えて京都公家華族たちが不幸だったのは、明治十九年二月十六日に東京の学習院が焼失し、その再建費用を確保しなければならないという問題が起こったことである。東京の華族たちからすれば学習院の再建が課題であり、再建費用の収集が難航するなかで学習院分院建設に配慮する余裕などなかったに違いない。

陸軍士官学校と公家華族

陸軍士官学校予備生徒隊の設置に向け、明治十七年三月三日に東京の会館から京都の会館分局に試験問題三十部が送られたが、十一日の電報によると合格者は十三名しかいなかった（『華族会館誌』上、明治十七年三月三日・十一日条）。六月に陸軍士官学校の特別コースとして開設された士官学校予備生徒隊は期待どおりにはいかず、翌十八年七月十五日には梅渓通魯、鹿園実博《しかぞのさねひろ》、山内豊尹《やまうちとよただ》（旧土佐高知藩の分家、山内容堂《ようどう》の長男）が病気による卒業見込が立たないことを理由に退校し、九月一日に士官学校予備生徒隊は廃止となってしまう。

在校生で見込みのある者は同日付で陸軍士官学校へ進学させたが、進学できたのは公家で十六名、武家で七名、退校を命じられたのは公家で十一名、武家で八名であった。総体的に公家の割合が多いのがわかる。これより前に旧丹波篠山藩主家の当主である青山忠誠《ただしげ》とともに、陸軍士官学校で教育を受けた旧篠山藩出身の石橋健蔵によれば、武家華族たちは元家来の士族たちと同等、それ以下の立場で軍隊に入るのを快く思う者が少なくなかったと回顧しているが（『青山忠誠伝』）、そのようなプライドの高さは公家華族も同じであったろう。だが、公家華族の場合は武家よりも経済的に困窮したため、安定した俸給を得ら

図11　高倉永則

図12　梅小路定行

れる軍人になるのは、仕方のない選択であったといえる。

　京都公家華族では梅小路定行、小倉歌丸・邦光（のちに八条家を継ぎ、八条隆邦《たかくに》と改称）、清閑寺愛房、高倉永則、千種有辰《ちぐさありとき》が陸軍士官学校に入校したが、このうち清閑寺が京都の久世通章に宛てた手紙からは彼らの心情が見て取れる。清閑寺によれば、兵舎は規則ずくめで「籠の鳥」のようだという。唯一の楽しみは食事と寝るときだが、六名が一緒に寝る藁《わら》を敷いたベッドから落ちることも度々あったと述べる（この手紙は、浅見雅男『華族たちの近代』で紹介している）。また食事にしても彼らが味わってきた京料理に比べて粗末であったのはいうまでもない。

陸軍士官学校予備生徒隊の退校者の多くは、清閑寺が指摘する住み慣れない環境や、過酷な訓練に耐えられなかったと考えられるが、次に見る梅小路定行の事例からは別の理由が浮かびあがってくる。陸軍士官学校在学中の梅小路は、「学術下劣ニシテ成業之目途無之ノミナラス、現ニ在学中自ラ将校タルヲ希望セサルヲ以テ故《ことさ》ラニ学術ヲ修メスト云ヒ、或ハ書ヲ中隊長ニ致シテ其素志ニ非《あら》スヲ以テ退校セラレンコトヲ請フ」（「審議会録」明治十九年）というありさまであった。明治十九年八月二十五日に退校を命じられ、さらに十月七日には「華族懲戒例」の譴責処分を受けた。

右の退校理由の文面からは、学業が疎かで成績が振るわず、やる気のなさから退学を申し出ていることがうかがえる。だが重要なのは「自ラ将校タルヲ希望セサル」「其素志ニ非ス」という点である。深読みをすれば、梅小路には別に志すなにかがあったものの、その志を曲げられ、陸軍将校になりたくもないのに士官学校の特別コースおよび士官学校に入学させられた不満が爆発したと考えられなくはないか。

講習会で「孟子」の講義中に久世と舟橋が講師の北村に盾ついたことは既述したが、梅小路の態度はその一件と共通している。舟橋は講習会の講義内容が士官学校の特別コースへの入学目的になることに否定的であり、久世は怪しげな診断書を作成依頼してまで同校への入学を忌避した。両者が北村と口論になったのは、「孟子」などを学んでも国政参加の役には立たないという点にあった。その現場となった講習会には梅小路も通っており、久世や舟橋と仲は悪くはない。

このような流れから察するに梅小路の志すところは、久世や舟橋と同じく貴族院議員として国政に参加することであり、在学中の素行の悪さは計算ずくの行動といえる。陸軍士官学校の退学理由を華族の体面を傷つける態度と判断した宮内省は、もっとも軽い処分である譴責をくだしたが、梅小路は反省などしなかっただろう。

＊　史料上には陸軍予備士官学校の名称が散見されるが、実際には陸軍士官学校のなかに予備生徒隊という華族を対象とした特別コースを設けたものであり、学校が存在していたわけではない。

困窮する公家華族

京都公家華族の負債

足軽のような生活

京都に住む公家がどのような生活をしていたかと問われれば、多くの読者は平安絵巻に出てくるような烏帽子に狩衣を着け、和歌や蹴鞠に興じる雅な生活を送っていたと思い描くだろう。たしかに文化事業という側面からいえば、そのような一面も否定できない。だが次の問答からは、彼らの日常生活が質素を余儀なくされていたことがうかがえる。

質問者　「お公卿さんの家というのは、禄高は相当低かったのではありませんか」

甘露寺受長《かんろじおさなが》　「低いにも何も、話にならん。大名の足軽くらいのものだナ。それはもう想像外のものですよ。大名とちがって昔から質素な生活をしていますから、言ってみれば、今日の一般の家庭と同じですよ」

（金沢誠・川北洋太郎・湯浅泰雄編『華族』）

甘露寺家は、藤原北家冬嗣の六男良門を祖とする勧修寺家の嫡流で平安時代に創設された。笛や儒道を家職とし、南北朝時代には吉田姓を名乗っていた。吉田定房は、後醍醐天皇の輔導役をつとめたことで有名である。だが、彼には子供がいなかったため弟の隆長が吉田家を継ぎ、その際に甘露寺と変えた。ここで質問に答えている受長は、明治天皇の再幸とともに東京に移住した甘露寺義長の長男として明治十三年（一八八〇）に生まれる。大正天皇と昭和天皇の侍従をつとめ、昭和二十一年（一九四六）から宮中祭祀をつかさどる掌典長に転任し、昭和三十四年に退任してからは明治神宮宮司という経歴を持つ。

右の経歴からは、公家出身者であればこそ与えられた役職であることがうかがえる。だが受長は公家として京都での生活を経験しなかった点や、京都公家華族のように非役有位者でなかった点も差し引いて考えなければならない。つまり、受長の談話は実体験による回想ではなく、彼の父や祖父の時代の昔話をしているのである。

公家華族たちの家禄

公家華族の家禄は明治三年十二月に定められたが、武家華族のそれと比べると実にややこしい算出方法によって設定された。公家華族の家禄は、本禄米の石高に分賜米（幕府献納米）百四十石、方料米（嫡子に与えられた）八十石、臨時給与米三十石、救助金八百両（現米百石見込）の合計三百五十石を加算する。

次に実収高と草高の比率は四つ物成（十対四の比率）であるから、草高を割り出す。そして草高の二分五厘を家禄高とした。

右の算出方法は、明治四年正月八日に華族触頭大原重徳《しげとみ》が勘解由小路《かでのこうじ》資生《すけより》に示した書状から明らかとなる。その書状では、本禄元米九十八石九斗を例に挙げている。これに外賜米三百五十石を加算し、四つ物成（十対四の比率）で計算すると、千百二十二石二斗五升となる。この額をさらに二分五厘で禄制に引きなおすと、新しい家禄高は二百八十石五斗六升と算出される。

公家のなかでも最低の旧禄高である三十石三人扶持の場合は、現高を百六十石とし、分賜米と救助金を加えた四百石が実収高と決められた。草高と実収高の比率は四つ物成（十対四の比率）であるから、草高は千石となる。そして公家の計算方式では草高の二分五厘を家禄高としたから、三十石三人扶持の新家禄高は二百五十四石一斗と設定された。摂家の場合は方料米がなかったから、本禄米の石高に二百七十石を加算するなど、最上位の家禄と最下位の家禄には例外的な算出方法が存在した。

華族の禄高は『明治史要』という史料に掲載されている一覧が参考になるが、公家華族の場合、同じ百石、百二十石の家でありながら、家禄高に違いが見られる。本来ならば、右の計算方式による数値と一致しなければならないが、ずれが生じる理由は判然としないが、武家華族にも同じことが見られることから察すれば、領地によって収穫高が異なるため、現高に多少の差異が出るのだと思われる。

武家華族の禄高は、明治二年六月十七日の版籍奉還を受けて、実収入の十分の一と定められたから、算出方法は難しくない。武家華族の最上位は、加賀金沢藩の前田家で草高百二万二千七百石、現高六十三万六千八百八十石であり、新禄高は六万三千六百八十八石となる。草高十万石以上の武家華族の経済力と公家華族のそれには雲泥の差があった。しかし、草高三万石以下の武家華族に目を転じて見ると、極端な差異がないことが見て取れる。上野吉井藩の吉井家は二百十六石、陸奥《むつ》七戸藩の南部家は百六十二石と、三十石三人扶持の公家華族よりも低い家も存在する。つまり公家華族の経済力は、武家華族の三万石以下に相当していたといえる。

まぼろしの童仙房

明治初期に京都では大規模な開拓事業が展開されていた。いわゆる童仙坊《どうせんぼう》の開拓事業である。童仙房は、京都府相楽《そうらく》郡南山城村北河原集落の北に位置する高原地（現在の京都府相楽郡南山村童仙房区）で、どこの領にも属さない無税地であった。明治元年末に窮民から入植者を募集し、明治二年十二月に三百人が集まった。明治四年六月段階では入植農家が百三十八戸、五百六十人となっている。

無人・荒蕪の地であった童仙房は、入植者が増加し開拓が進められるにつれ、大きく様変わりしていった。入植者の小屋はもとより、廃藩置県後には京都府支庁、警察署、郵便局、社寺などが創設された。急速な発展を遂げたため、明治五年に京都府庁では公家華族たちに童仙房開拓事業への投資を勧誘した。少ない家禄で貧しい生活を余儀なくされている公家華族を豊かにしてやろうという狙いである。この勧誘に応じて約八十名の公家華族が資金を出した。

ところが、明治九年八月五日の金禄公債証書発行条例の制定により秩禄処分が決まると、公家華族は従来の家禄よりも少ない公債証書額の利子での生活を余儀なくされ、投資ができなくなる可能性が出てきた。そこで明治九年十二月二十四日、五十四名の公家華族たちは、京都府権知事槙村正直に宛て「開墾之儀ニ付拝借金願」を提出し、童仙房への投資額を京都府から借用することを願い出た。童仙房開拓事業へ勧誘したのは京都府であったから、槙村も困窮する公家華族の希望を断るわけにはいかなかったに違いない。

この願い出は同日付で認められ、五十四名の華族に三十年賦、五千円が分配貸付となった。貸付金の高額者は日野資貴《すけたか》の百九十一円、高倉永則《ながつね》の百八十二円、鷹司熙通の百六十二円、低額者は渋谷《しぶたに》家教《かきよう》（真宗仏光寺派）の四円、穂穙俊香《ほずみとしか》の二十六円、華園摂信《はなぞのせつしん》（真宗興正寺派）の五十四円であるが、百円から八十円の間が過半数を占めていた。明治九年十二月二十七日、京都華族を統括する第六部長の山本実政《さねのり》は、槙村に貸付金五千円を勧業課で預かって欲しいと申し出ている。貸付金は、華族の手元に分配送付されるのではなく、京都府勧業課で管理されることとなった。華族が開墾事業以外のことに使いはたしてしまうのを防いだのである。

京都公家華族を含む貧困者が一攫千金を夢見て従事した開拓事業であったが、京都公家華族が貸付金を得た直後から童仙房の状況は急変した。童仙房は、交通の便が悪く、寒冷な気候のため住みづらかった。さらに地味が悪いため、収穫量も減っていった。このような気候風土が災いして離脱者が続出した。京都公家華族も早々と童仙房の開拓事業から手を引いている。

開拓事業を勧誘した京都府や、開拓資金の貸し付けを願い出た公家華族も予想していなかった事態である。公家華族たちにとって不幸中の幸いであったのは、貸付金を勧業課で預かっていたのと、それにほとんど手をつけずすんだという点にあろう。「士族の商法」といわれる失敗におわった士族たちのように、秩禄奉還願いによって得た資金を使いはたして路頭に迷うことは避けられた。

久我家と六条家の負債問題

本書の冒頭でも触れたが、公家華族のなかには村上天皇の第七皇子具平親王の子資定王を祖先とすることから、村上源氏と称される一族がいる。資定王は源姓を賜って源師房と改称し、右大臣をつとめたことでも知られる人物である。村上源氏の宗家は久我家《こが》であり、庶流には中院・六条・久世・岩倉・千種・東久世・梅渓・愛宕・植松がいた。

久我家は、明治八年二月に約六千円という負債返済に迫られ、家名存亡の危機を迎えた。村上源氏の華族たちにとって宗家を潰すわけにはいかない。右大臣の岩倉は東京を離れることができず、彼に代わって東久世通禧《みちとみ》が京都へ向った。二月十日に東久世は六条・久世・梅渓と相談し、十五日には当事者である久我建通《たけみち》と面談している。東久世の日記には、「久我家一件」とか「久我家改革一条」（『東久世通禧日記』下、明治八年二月十日条・二十日条）としか記されていないため、彼らとの詳しいやりとりはわからない。おそらくは東京と京都の近況報告をしながら、本題である久我家がいかにして負債を抱えたのか、その負債をどのようにして返済するかが考じられたであろう。

東久世が東京に戻ると、岩倉との間で相談が重ねられ、三月十四日には東久世邸に建通の長男久我通久《みちつね》をはじめ宗族の家令と家扶が集まり、六千円の負債返済方法がまとめられた。二十三日に「久我家会計見積書」が仕上がり、二十五日には岩倉家で「集会約定」に至っている。その結果、四月十三日に久我家の家禄および賞典告代金、千四百十三円十三銭五厘を東久世が預かり、五月八日に有馬家から二千円を借用して負債返済に対応することとなった。

図13　久我建通

図14　六条有容

これで一件落着と安堵したのも束の間、同年九月には六条家が約七千円の負債返済に苦しむ事件が発生した。九月十八日に六条家の家令長沢員規が東京に到着すると、岩倉・東久世・久我たちと相談を重ね、二十九日からは六条有容《ありおさ》の二男有義《ありよし》も状況説明に加わっている。この相談もまた「六条家一件」「負財一件」としかないが、久我家のときと同じような会話が交わされたと思われる。十月九日には岩倉邸に東久世・有馬・千種・植松・細川家家令が集まり、六条を「身代限《かぎり》」（破産宣告）とする決断がくだされた。これにより負債を起こした有義は明治九年三月九日に位記を返上し、同十六年十一月二十八日には廃嫡となっている。

久世家の財産減少

村上源氏の宗族から負債問題が発生したため、明治九年一月二十六日には久我・六条・梅渓・久世および各家扶が集まって、今後の方針が図られた。そこでは負債を重ねず倹約に励む方針が約束されたが、男女の差別をつけること、夜九時以降は表門を閉ざすことなどが項目として挙げられている。夜間の外出は宴席や遊郭に向う可能性が高く、とくに芸妓や遊女と関係を持つと多額な出費を要した。実際、芸妓や遊女との関係から家政を混乱させる京都公家華族もあらわれた（「社会を騒がす公家華族」参照）。右の方針は、そのような危険性を未然に防ぐのが狙いであった。

これより四日前の二十二日、久世は京都府勧業寮に三千円の貸し付けを申し出ており、先祖伝来の山林を含む土地を借金の抵当にしていた。これを機に久世は、京都府内にも複数の宅地を所有していたため、それらの整理も考えていたようである。八月四日に東今町の宅地五十二坪が四円、九月九日には女中詰所であった宅地が千八百五十円で売却されている。これは京都公家華族の財産処分状況を物語るものとして注目できる。その他の多くの家も、多額な負債返済をおこなうため、久世と同じような形で京都に点在する所有財産を失っていったのである。

京都府勧業寮の貸付金三千円のうち、土地処分により返済残額は七百円にまで減少した。

この残額を一挙に返済しようとしたのか、九月二十七日に久世は岩嶋朝蔵という人物から七百円を月利一分五厘で借りた。宗族間で約束された負債を重ねず倹約に励む方針は、早くも破られた。久世の借用保証人には、約束の場に居合わせた六条がなった。「身代限」を申し付けられた人物とは思えない行動である。六条には金銭感覚はおろか、借金に対する危機感がまったくなかったといえる。

岩倉具視の救済措置

岩倉具視の演説

明治九年九月二日から十三日にかけて、岩倉は華族会館で華族たちに演説している。演説では〈秩禄処分により金禄公債証書が発行されたが、その元金を失って家計が破綻する状況になっては、先祖や子孫に申し訳が立たない〉ことが強調される。〈金禄公債証書は、明治十年から五年間据え置き、六年目から二十五年までに消却する方針であるが、消却された資金は失いやすいため、宗親族らと相談して浪費しないよう心がけるよう注意し、公債利子の三分の一、もしくは十分の一を貯蓄し、非常の際に備えるよう〉促した。また〈負債を抱える者は、その返却方法を立て、華族会館に明細帳を差し出すこと〉を命じる方針が伝えられた。

宗族については、〈先祖の血脈を分かちたる者であるから、相互に保護するのは自然であり、「華族類別録」を編纂する趣旨もそこにある〉という。〈宗族に加え親族は、秩禄処分で余裕がないとはいうものの、同族で負債者が出た際は助ける必要がある。金銭で補助できない場合でも、債権者との談判、不用品の売却、奢侈を諫め節倹を図り、子弟の就学や戸主の成業を促し、最悪なときは処分をくだすなど、宗親族間で相談を重ねよ〉と指示する。〈宗親族は一年に数回の懇親会を開き、品行の善悪・家政の可否・経費の当否を評価し、懇親会の酒肴は粗末なものにとどめよ〉という。

華族の家政や資産運用に関しては、〈家令を無用視しろというわけではないが、華族のなかには家政を家令に任せ、年間の収支を知らない者もいるから、そうした旧弊を捨て去り、自身で家政の方針を立てなければならない。宗親族で小社（国立銀行など）を結成し、それを華族会館と合併させ、資産運用を介して同族の保護と社会の利益を図ること〉を勧める。

演説内容は、華族の経済に限らず、彼らの学問にもおよび、とりわけ開校が予定されている学習院について触れている。〈これから十五年間、学習院は天皇の御手元金から賜金を受けるが、これは入学生徒が成人を迎える期間を見越した措置であるから、その間に華族が勉強を怠るようなことがあれば、天皇や国民に申し訳が立たない〉と論じる。そして〈富と勉学は共通するものであることを指摘しながら、富を求めて「山子《やまし》」の所業や、身を落として「馬子」のような生活を送ってはならない〉という。これは華族が「四民ノ上ニ立」「国民中貴重ナ地位」という立場を忘れてはならないことの戒めである。

その他、〈宗族で歎願をおこなう場合は、投票によって総代を選び、総代が意見をまとめて差し出すことや、宗族の集会は華族会館を使用するように〉（「岩倉具視関係文書」内閣文庫所蔵）という、細かい指示もつけ加えている。

部長局と宗族制度

ここで述べる部長局と宗族制度は、華族会館長の岩倉具視が華族の結束を図って創設させた機構および制度である。まずは部長局についてであるが、これは明治八年十月七日に華族会館内に十二部の特撰議員を設け、華族を各部に分けて監督させたのを前身とする。監督にあたった特撰議員は、会館内の華族たちの投票によって選ばれた。各部には部長と副部長が置かれ二十四名の特撰議員が生まれたが、実際に運用してみると人数が多すぎたため、翌九年三月十一日には六部に縮小された。そして同年五月二十三日に宮内省の外局として部長局が設置されると、六部制は同局へと引き継がれた。

各部長および副部長は時期によって交代しているが、第一部から第五部を東京、第六部を京都および西日本在住者とする管轄対象に変わりはなかった。そして第一部から第六部を統括する督部長をつとめたのが岩倉であった。岩倉は各部長の上に立ち、全華族の動向に目を光らせていた。この各部制は、明治十五年十一月十五日に部長局が廃止となり、代わって宮内省華族局が設置されるまでつづけられた。京都公家華族を統括する第六部長は、部長局設置時から廃止に至るまで山本実政がつとめている。

次に宗族制度であるが、これは華族を先祖および血統に類別し、各類の華族を通して相互に擁護することを目的として設けられた。明治九年一月十七日、華族会館に懇会規則調査委員、統譜調査委員、一族親属交際条例調査委員が設置されており、各委員が類別の調査に関与したと思われる。各宗族別をあらわす「華族類別録」は、明治九年八月に仮編集され、その後修正を加えて同十一年十月に公刊された。

公家と武家を先祖別で全七十四類に分類し、同じ血族間の結束を図らせたのである（公家の類別は「プロローグ」の表1を参照）。岩倉の演説のなかで宗族の懇親会について触れているのは、従来疎遠であった公家と武家の距離感を縮める方策に他ならない。これにより公家と武家は、特定の婚姻関係にある親族に加え、先祖を同じくする宗族による協力体制が築かれたのである。当初、この協力体制には、貧乏な公家華族を経済力の豊かな武家華族が援助するという期待が含まれていたと思われる。そのことを次に確認する。

表7　岩倉具視の宗族予備貯蓄金

	氏　名	預金額	収入利子	利子5分の1	年8朱利
公家	岩倉具視	36100円	4332円	866円40銭	69円31銭2厘
	久我通久	13500円	1620円	324円	25円92銭
	東久世通禧	12800円	1536円	307円20銭	24円57銭6厘
	中院通富	8300円	996円	199円20銭	15円93銭6厘
	岩倉具経	8000円	960円	192円	15円36銭
	千種有任	7500円	900円	180円	14円40銭
	六条有容	6800円	816円	163円20銭	13円5銭6厘
	北畠通城	6700円	804円	160円80銭	12円86銭4厘
	久世通章	6200円	744円	148円80銭	11円90銭4厘
	南岩倉具義	6200円	744円	148円80銭	11円90銭4厘
	植松雅徳	5600円	672円	134円40銭	10円75銭2厘
	梅渓通善	5600円	672円	134円40銭	10円75銭2厘
	愛宕通致	5500円	660円	132円	10円56銭
武家	有馬頼万	182900円	21948円	4389円60銭	351円16銭8厘
	松平忠敬	90500円	10860円	2172円	173円76銭
	奥平昌邁	88500円	10620円	2224円	169円92銭
	久世広業	33200円	3984円	796円80銭	63円74銭4厘
	有馬瑶光院	7700円	924円	184円80銭	14円78銭4厘

「諸往復号外」(「久世家文書」中央大学図書館所蔵)から作成.

宗族間の予備貯蓄金

村上源氏を祖先とする宗族では、明治十年十月に「宗族予備貯蓄金仮条約」を作成している。これは既述した岩倉の演説に含まれており、彼にとっては宗族条約とともに各宗族で実施させるつもりでいたと思われる。条文のうち特筆すべき点をあげると、①公債証書額の五分利子のうち五分の一を、第十五国立銀行に予備金として積立預金させる、②宗族中で救助を要するようなときは、その予備金から援助をおこなう、③各家が予備金から公債証書を買い入れる際には、有馬頼万《よりつむ》（旧筑後久留米藩主家）と奥平昌邁《まさゆき》（旧豊前《ぶぜん》中津藩主家）の両家に依頼する、などであった。

この宗族予備貯蓄金の内実からは、公家華族と武家華族の経済力の格差が見て取れる。公家華族のうち、第十五国立銀行の五分利子で千円以上は、政府要職をつとめる岩倉と東久世を除くと、源氏の長者である久我に限られた。千円以下の月額平均を計算すると、最高額は中院《なかのいん》の約六十七円、最低額は愛宕《おたぎ》の約四十四円で、彼らの予備貯蓄金の利子は十円程度の少額であった。利子のみを収入とする非役有位の公家華族は、月額約七十円から四十円の間で生活しなければならなかったことがわかる。

それに対して武家華族は、有馬が二万円以上、松平忠敬《ただのり》（旧武蔵忍《おし》藩主家）と奥平が一万円以上の年間利子があり、最低額の久世広業《ひろなり》（旧下総《しもうさ》関宿藩主家）でも四千円弱を得ていた。負債返済に困った六条と、その返済額を援助した有馬を対比すると、有馬は六条の二十倍以上の利子があった。松平と奥平の予備貯蓄金の利子は、千円以下の公家華族の年間利子に相当し、有馬のそれは上回る額となっている。予備貯蓄金により各家の資産増加が目指されたとはいえ、公家華族と武家華族の収入格差が埋まらなかった事実が理解できる。

第十五国立銀行の設立に際しては、明治十年十月に鍋島直大《なおひろ》（旧肥前佐賀藩主家）など四名が銀行設立に不同意を示したため、四千百十三株の不足分が生じる事態となった。これを知った梅渓と六条は、予備金に各家が若干の不足分を入金することで数株の増殖が図れると提案した。久世は両者の提案に賛同するが、株を購入する余裕がなかった。そこで久世は、十一月に有馬から二百円を借りて二株購入している。有馬への返済は、第十五国立銀行の利子から一季二十円ずつ五年間で支払う方法が取られた。このように経済力に乏しい公家華族の宗族で解決できない場合、彼らは宗族の武家華族を頼りにしたのである。ここに岩倉が企図した宗族制度の底意を読み取ることができる。

華族たちを救済する宮内省の貸付金

多くの華族にとって従来の家禄が廃止されたことは経済的に痛手であった。京都公家華族たちは童仙房の開墾資金を含め、各家の負債償却をする目的から、京都府から貸付金を得ていた。だが童仙房の開墾は早々と諦め、家禄の廃止による年収減少により、貸付金の返済は思うようにいかなくなる。この経済困窮状況を放置していれば、華族の体面を保てなくなる家が続出することが予想された。

そのような最悪の事態を回避するため、宮内省から華族への貸付金を実行させたのが岩倉具視であった。この貸付金は公家華族に限らず、武家華族も対象としていた。本章冒頭で確認したとおり、三万石以下の武家華族の新家禄高は、公家華族のそれと大差がなかった。政府要職に就いて俸給を得ている華族は限られ、多くは定職に就けずにいた。岩倉の言説によれば、明治十年七月段階で東京の華族は二百万円、京都の華族は十五万円の負債があったという。

そこで宮内省は、明治十年七月二十日に華族への貸付金をおこなった。京都公家華族の貸付金の総額を確認すると、六万六千二百四十円におよんでいる。最高額は京都在住の近衛忠熙の息子で東京に移住した近衛篤磨の一万五千円、最低額は奈良華族の鷺原《さぎはら》量長《かずなが》の百八十一円である。負債問題を起こした六条有容は六百五十九円、財産減少を余儀なくされた久世通章は八百九十二円を借りている。宮内省から貸付金を得て従来の負債額を償却する計画であったが、時間が経つにつれ元金および利子の返済に苦しむこととなる。

表8　宮内省の京都公家華族貸付金

氏　名	拝借金額	拝借金利子
近衛篤磨	15000円	437円
清水谷公考	11500円	335円
鷹司熙通	3545円	103円
水無瀬忠輔	3324円	96円
大炊御門家信	3067円	89円
梅園実記	2836円	82円
高野保建	2793円	81円
山井氏暉	2532円	73円
錦小路頼言	2490円	72円
滋野井実在	2478円	72円
藪　実方	2186円	63円
唐橋在綱	2100円	61円
高松実村	2000円	58円
平松時厚	1324円	38円
三室戸雄光	1321円	38円
西大路隆修	1253円	36円
久世通章	892円	26円
押小路実潔	880円	25円
六条有容	659円	19円
北河原公憲	523円	15円
竹園用長	501円	14円
藤枝雅之	481円	14円
芝小路豊訓	481円	14円
松林為秀	318円	9円
芝亭実忠	307円	8円
中川興長	291円	8円
長尾顕慎	276円	8円
北小路実慎	269円	7円
太秦供康	241円	7円
粟田口定孝	191円	5円
鷺原量長	181円	5円

「負債筋拝借金利子高調」(「岩倉具視関係文書」国立公文書館内閣文庫所蔵)から作成.

先祖伝来の土地を売り払って借金の返済をした久世家は、上京区第九組東今町三百七十八番地（明治十七年一月三十一日付調査の「華族録」〈国立公文書館所蔵〉では十九番地）に居を構えていた。その久世邸に災難が起こったのは、明治十二年四月十六日の深夜であった。当夜午後十一時に家族一同で戸締りを見回ったときに異常はなかったが、翌十七日の午前五時に起きた久世が座敷を通りかかったところ、戸板が開け放してあるのを不審に思って座敷に入ると、室内は乱れて簞笥の引出しが空になっていたという。久世が直感したとおり、泥棒に入られたのである。

結婚前夜の盗難

あまりにも突然の出来事に頭をかかえた久世は、午前七時に六条家を訪れて相談し、帰宅後には京都に滞在していた岩倉の旅館に盗難を知らせている。そして午前十時には六条が再び久世家にやってきて、そこに梅渓も加わって事後処理を話し合った。その結果、午後二時に上京警察署、京都府、華族会館分局にそれぞれ盗難届を提出した。盗難届からは、銀作片蓋の懐中時計十円、腰差煙管入九円、小袖（白羽二重）九円、袷袴（仙台平茶地）六円、袷羽織（黒縮緬紋付笹竜胆《ささりんどう》）四円など、総計三十九点、被害総額百四十四円五十五銭五厘であったことがわかる。

京都府知事宛に提出した「賊取残品」には、座敷に取り残した物品として千枚通一本、針一本としか記されていないから、金目の物は残らず持ち去ったのだろう。だが、時計や煙草入を除けばほとんどが衣類であり、華族にしては必ずしも高価な品物とはいえない。いうまでもないが、旧大藩諸侯の武家華族や摂関家の公家華族の邸宅に押し入っていたなら、これだけの物品を持ち去らずとも高価なお宝に出会えたはずである。さぞや泥棒も色鮮やかな屏風や金高蒔絵の文箱などを思い描いたのだろうが、玄人の仕業としては労多くして得る物が少ないと感じたのではなかったか。

実際、泥棒も見当ちがいだったようであり、五月には上京警察署によって盗難品が発見される。五月二十六日に久世の家扶佐々木政右衛門は、盗品確認のため警察署に出頭している。二点の品物を除いて久世家の盗難品の一覧と一致した。七月二十七日に久世は上京警察署に請書を提出し、懐中時計を含む二十点が無事に戻ってきた。だが、久世の気に入っていた金製登龍の細工と珊瑚玉のついた腰差煙管入は返ってこなかった。

これは想像の域を出ないが、泥棒は市中の質屋を渡り歩いたものの、ほとんどの品物が売れなかったと思われる。半数の盗難品が戻ってきたのは、京都公家華族の家計が裕福ではないことを物語っている。いずれにせよ、結婚前夜の盗難事件は落着した。

久世家と鍋島家の援助交際

久世の結婚相手は、宗族の岩倉具視の娘静子であった。東京の岩倉邸で具視と同居していた静子は、明治十二年三月二十五日に京都に入り、四月十七日に婚儀をおこなう予定でいた。久世家に泥棒が入るという騒動があったものの、予定どおりに進行したようで、翌十八日に縁組届が京都府知事槇村正直宛に出されている。このとき久世通章は十九歳九ヵ月、静子は十六歳七ヵ月であり、縁組後見人は六条有容がつとめた。現在でも高校二年生の女性が結婚することは法律上可能だが、一般的に早すぎるとの感覚を持つ人がほとんどだろう。だが当時の十六歳は、結婚適齢期であった。

今と昔の人々との感覚の違いはともかく、久世は結婚を機会に従来の負債を解消しておきたいと感じていた。そこで久世は、江戸時代から親族として関係を重ねてきた鍋島家（旧肥前佐賀藩主）から経済援助をおこなってもらうことを思いつく。経済的に困窮する公家は、資金が潤沢な大藩諸侯と姻戚関係を結び、その結婚に際して輿入れ費用として多額な費用を得る場合があった。そうした公家と武家の姻戚関係を「縁家」と呼ぶが、平易ないい方をすれば援助交際に他ならない。公家は武家と結ぶことで資金を手に入れ、武家は公家との関係で名誉を手にするという、互いに利益が生まれる交際である。

久世は義父の岩倉を介して鍋島直大から三千円の援助を受けた。久世は鍋島家に直接依頼するより、右大臣兼督部長である岩倉を介したほうが、援助を得るのに効果的と判断したのかもしれない。このとき債務者二名に返済した金額は四百円にすぎず、八百十三円は静子との婚儀および新居建築費用にあてた。そして残金の千七百円は三井銀行に預け、その五分利子を宮内省の貸付金と、有馬家からの借用金の返済とした。つまり当初から、千七百円は久世家の財産として残る見込みであった。明治十二年二月、久世は鍋島に宛て負債返済の見込みが立ち、自身だけではなく家名を保つことができたと、三千円の援助に対する感謝の意を書き送っている。

その一方で仲介者となった岩倉は、このようなことが二度と起きてはならないと感じていた。明治十二年二月二日付で岩倉の家令小野保知が梅渓家に宛てた書翰には、「昔日之如ク再々御助成御申立有之候テハ所詮見込無之、主人ニ於テ此度限リ之請合」、「御本人久世様勿論、六条様へモ此旨委敷御申入之趣、可相願被申付候」(「鍋島家ゟ助成金受取関係書類」)などとある。岩倉は、昔のように公家が諸侯に経済援助を依頼していてはならず、今後は依頼されても仲介しないという。そのように久世はもちろん、六条にも伝えて欲しいと頼んでいる。ここで六条が出てくるのは、彼が過去に負債問題を起こしただけでなく、その後も金銭感覚に甘さが見受けられたからである。

岩倉具視の心境の変化

明治十二年十月三十一日、部長局の第六部長山本実政は、華族会館分局に集まった公家華族たちに岩倉の説諭を代読して聞かせた。かなりの長文であるが、そのなかから要点を見てみよう。

明治十年金六拾万円ヲ宮内省ヨリ恩借シ、之ヲ衰頽ノ家ニ分貸シ其負債ヲ償還セシメ以テ警省自新ノ道ヲ開ク何ソ料《はか》ラン、今日ニ至リ猶《なお》其轍ヲ改メス、過分ノ負債ヲ起シ不測ノ患害ヲ招キ、終《つい》ニ訟庭ヲ煩ハス者往々之アリ、是レ恩ニ狃《な》レ恵ニ習ヒ部長局及其宗親族ヲ恃《たの》ミ以テ此廉耻ナキノ事ヲナスニ非サルヲ得ンヤ慨歎ノ至ニ堪ヘス。

（「東坊城任長日記」明治十二年十一月十日条）

右の文意を直訳ではなく、欠点を補いながら要約すると以下のようになる。〈岩倉は、多額な負債に困窮する華族たちを救うため、明治十年に宮内省から総計六十万円を華族たちに分配貸与した。だが、その後も自身の行為を悔い改めるどころか、再び負債を重ね、債権者から訴訟を起こされる者も少なくなかった。華族たちは、負債に困れば部長局や宗親族がなんとかしてくれるだろうと、恥ずかしくもなく思っている。岩倉は、そのような姿勢をなげかわしいことだと思う〉と指摘する。そして彼はつづけて次のように論じる。

自今以後天災非常ニ罹ル者ヲ除クノ外其失誤ト故造トニ因テ自家ノ敗覆ヲ致スモノハ、宗族親族及ヒ各部長モ亦《また》願情ニ徇《したが》ヒ小恵ヲ施シ之ヲ救済スルコトナク、務メテ法律上貴賤平等主義ヲ保タシメ、之カ藩防ヲ設ケ以テ聖旨ノ在ル所ヲ奉体シ、優遇ノ万一ニ対揚セシメントス。

（「東坊城任長日記」明治十二年十一月十日条）

〈今後は天災などの災害による場合を除き、宗親族や各部長は公家華族の経済援助をせず、平民と差異のない平等主義につとめ、「皇室の藩屛」という華族の役割をはたすように心がけよ〉と述べる。

岩倉は、自身の宗族である村上源氏の負債問題に直面し、それを契機に公家華族たちを護る目的から、部長局を設置し、宗族制度によって武家と公家を結束させた。だが、わずか三年で彼の演説内容は大きく変ったのである。岩倉の宗族であり、親族の久世家が負債返済に苦慮したように、多くの公家華族たちは負債問題から抜け出せないでいた。

その背景には、負債返済のために新たに負債を重ね、自力で解決できないと宗親族に頼るという甘さがあった。宮内省からの貸付金および宗族制度による経済援助という、岩倉の粋な計らいは、公家華族たちを甘えさせる結果をもたらした。そこで岩倉は、彼らを戒める必要性を感じ、あえて突き放すような厳しい言葉を与えたのである。

図15　大炊御門家信

大炊御門家の危機

公家の家格で最上位の家を摂家、それに次ぐ家を清華家という。清華家には、久我・三条・西園寺・徳大寺・花山院・大炊《おおいの》御門《みかど》・菊亭・広幡・醍醐がある。家格の高い清華家は、権大納言兼近衛右大将や内大臣など朝廷の要職をつとめ、皇后を輩出してきた摂家と縁戚関係で結ばれる者が少なくなかったため、公私にわたって天皇家との関係も平堂上とは違っていた。その清華家のなかからも大炊御門家信《いえこと》のように負債に苦しむ者があらわれた。明治九年、大炊御門家の負債額は五千三十八円に嵩《かさ》み、返済の危機に迫られた。

大炊御門の宗族である中山忠能《ただやす》と野宮定功《ののみやさだいさ》は、明治九年四月二十九日付の大史土方久元《ひじかたひさもと》宛書翰で千円貸し付けて欲しいと依頼している。この貸付金は、同年度から支給される金禄公債証書額の五分利子六百四十四円から、年二回に分けて十年間で完済する条件で貸し付けられた。それでも負債額には遠くおよばないため、大炊御門家は負債主と示談して五千三十八円から千五百円へと返済額の引き下げに成功する。明治九年十二月二十四日には京都府勧業寮から、一時拝借金千四百四十五円を得て返済にあてた。さらに同寮からは先述の開墾拝借金百十三円、負債償却拝借金二千七百円を借りている。

そして明治十年の第十五国立銀行の設立に際しては、京都府勧業寮の貸付金が完済していないことから設立準備金の用意ができないため、その返済および準備金として宮内省から三千六十七円の貸付金を受けた。大炊御門は宗族の協力に加え、京都府さらには宮内省と負債主を変えながら、従来の負債返済にあてていたことがうかがえる。この返済戦略は効果的であり、明治十三年六月に大炊御門が宗族に宛てた「挙家嘆願」という書面では、無事に返済の見込みが立ち、大炊御門家が救われた感謝の言葉がつづられている。

これでおわればよかったが、「挙家嘆願」という題名からも見て取れるように、大炊御門家の危機は依然としてつづいていたのである。それは大炊御門が負債主に千円を返金したところ、うかつにも領収の証文を受取るのを忘れてしまったという。大炊御門は弱みを見逃すはずがない負債主から千円の返金を強要され、返金した証文が手元にないために再び支払うはめとなった。そのため別のところから千円を借用し、それ以降は苦しい生活がつづいたようである。

「挙家嘆願」を受けた宗族は岩倉に宛て「歎願書」を提出した。名門の大炊御門家を取り潰すような事態となっては、三条と岩倉の両大臣や部長局からの恩情を無にすることになるという。これを機に大炊御門を京都から東京に移住させて宗族の監督下に置くことを提案し、上京費用や物価騰貴を理由に掲げ、彼が得た貸付金千円の返済残金を帳消しにして欲しいと頼んでいる。この貸付金は、先に述べた明治九年四月に中山と野宮が依頼した千円の貸付金である。年に百円を返却し、十年間で完済する条件であったが、明治十三年六月までに二百五十円を支払ったところで返済できないといい出した。

公然と借金残額七百五十円を踏み倒したいと申し出ているわけだが、同じように士族や平民が泣き寝入りしたところで、政府は願い出を聞いてくれるであろうか。それは平堂上の公家華族だって同じであり、下手をすれば華族の体面を傷つけたとして、「華族懲戒例」によって華族礼遇停止の処分を受けてもおかしくはない。借金残額七百五十円の返済を免除にする文書は確認できないが、岩倉が宗族の「歎願書」を断らず、大炊御門の貸付金を帳消しに向けて動いていることからすると、借金残額七百五十円は反故《ほご》になったものと推測される。

この一件で大炊御門がお咎めを受けた事実も確認できないが、それは摂関家につぐ清華家という特別な恩恵を受ける立場にあったことを裏づけている。後述する奈良華族の実態を知れば、清華家の大炊御門がいかに恵まれていたかが理解できるだろう。

貸付金を望む公家華族

明治十五年二月二十一日、京都華族総代として中院通富《なかのいんみちとよ》と六条有容は、第六部長山本実政に宛て旧堂上華族八十八家に保護資金を下賜して欲しいと願い出た。両者の出願理由を要約すれば次のとおりである。

〈秩禄処分により発行された金禄公債証書額にもとづく、第十五国立銀行の純益金を拝受してきたが、旧禄券高が東京華族よりも京都華族は低いため、両者の株数にも差異が生じている。それに加えて京都の物価は年々騰貴し、我々の生活はけっして楽なものではない。このままだと借金を重ね、銀行株券を他人に売り渡し、華族の体面を汚すだけではなく、家名断絶に至ることが危惧される〉と指摘する。また〈明治十四年十月には国会開設の勅諭が出されたため、華族は上院議員のつとめをはたすべく勉学研究を志し、皇室を支えることのできる気質を養成する必要がある。そのような時期にもかかわらず、華族が生活に困窮するような現状では、十分な成果をあげることはできない〉と論じる。〈そこで恐縮する次第ではあるが、二十五万円を三十年無利子で貸し付けてもらいたい〉と要望している。

具体的な貸付金の分配および返済計画は、金禄公債証書額三十九万六百二十五円を二十五万で購入し、一年六朱利子の二万三千四百三十七円を返済にあて、残りの利子一万五千百四円を八十八家に分配するというものであった。この計画が実現すれば、一家あたり一年に百八十八円が支給され、京都公家華族の家計が潤うことに違いはなかった。だが、京都公家華族が望む貸付金は許可されていない。

図16　中院通富

なぜ、今回の願い出が却下されたのかを明確に示す史料は見出せないが、却下理由を推測することは可能である。京都公家華族のなかには、明治十年に宮内省貸付金を受けた者がおり、その返済はおわっていなかった。宮内省としては貸付金が完済しないなかで、巨額な貸付金を繰り返すことを渋ったのではないか。いずれにせよ、明治二十三年の帝国議会開設に向け華族が奮起するには、それ相当の活動資金が必要であるという要求はとおらなかったのである。

奈良華族の負債問題

奈良華族の生活難

幕末まで家を継ぐことのできない公家の子弟は、宮門跡および高格寺院の住職となった。なかでも藤原氏の氏寺である興福寺の傘下にある各院の住職をつとめる者は少なくなかった。それが慶応四年三月十四日、政府が神社の社僧をつとめる宮家および公家の子弟に還俗を命じたことにより、状況は一変する。このとき対象となった公家は二十六家あったが、このうち藤原氏の二十二家は藤原氏の氏神である春日神社に移り奉職し、明治二年三月六日に堂上格に列せられ、同八年三月二十三日に永世華族となっている。藤原氏ではない梶野・小松・西五辻・南岩倉は京都の実家へと戻され、明治二年十二月十九日に終身華族となり、同九年五月三十一日に永世華族とされた。彼らは、興福寺の住職から還俗して堂上格の華族に列せられたため、奈良華族と呼

表9　奈良華族と金禄公債額

氏名	寺院名	家禄	公債証書額	公債利子
南岩倉具威	先代が正知院住職	254石	9375円	468円
西五辻文仲	明王院住職	254石	9375円	468円
水谷川忠起	一条院門跡	260石	9348円	467円
松園尚嘉	大乗院門跡	220石	7910円	395円
梶野行篤	無量寿院住職	254石	7830円	391円
小松行正	先代が不動院住職	254石	7830円	391円
藤大路納親	延寿院住職	121石	2944円	147円
芝小路豊俊	父が成身院住職	50石	2457円	122円
竹園用長	宝掌院住職	50石	2457円	122円
粟田口定孝	養賢院住職	50石	2457円	122円
穂穙俊香	先代が玉林院住職	50石	2457円	122円
長尾顕慎	惣珠院住職	50石	2457円	122円
中川興長	五大院住職	50石	2457円	122円
今園国映	賢聖院住職	50石	2457円	122円
藤枝雅之	清浄院住職	50石	2457円	122円
鹿園実博	先代が喜多院住職	50石	2457円	122円
河辺隆次	勧修坊住職	50石	2457円	122円
杉渓言長	妙徳院住職	50石	2457円	122円
太秦供康	慈尊院住職	50石	2457円	122円
北河原公憲	中蔵院住職	50石	2222円	111円
相楽綱直	先代が慈門院住職	36石	2208円	110円
鷺原量長	恵海院住職	40石	2035円	101円
芝亭実忠	龍雲院住職	40石	2035円	101円
松林為美	先代が松林院住職	31石	1795円	89円
南　光利	先代が修南院住職	26石	1376円	68円
北大路公久	先々代が東北院住職	21石	1124円	56円

前掲『平成新修華族家系大成』上・下，石川健次郎「明治前期における華族の銀行投資―第15国立銀行の場合―」（『大阪大学経済学』22-3，1972年12月）から作成.

ばれている。

この結果からすると、春日神社に移った藤原氏の公家のほうが京都の実家へと戻った者より恵まれていたように見える。ところが実態はその逆であった。明治八年五月に書かれたと推定される竹園用長の意見書では、〈京都に戻った四家が家禄を与えられているのに対し、藤原氏の二十二家には今日まで家禄の支給がなされてこなかった。そこで時勢をかえりみない申し出ではあるが、われわれにも相当の家禄を支給して欲しい〉と要望する。時勢をかえりみないというのは、政府内で秩禄処分の議論が重ねられていたことを示していよう。

奈良華族の生活難を察した岩倉具視は、明治八年十月十日付の大隈重信宛の書翰で奈良華族の家禄額を即決しないよう頼んでいる。これに対する大隈大蔵卿の回答はもとより、奈良華族の家禄について話し合われた手がかりは見出せない。結果的には岩倉が慎重に家禄額を定めるように望んだにもかかわらず、藤原氏奈良華族の家禄額はきわめて低いものとなってしまった。

藤原氏ではない南岩倉と西五辻は二百五十四石、金禄公債証書額九千三百七十五円（年五分利子、四百六十八円）ともっとも高く、梶野と小松も二百五十四石、公債証書額七千八百三十円（利子、三百九十一円）であった。これに対して藤原氏二十二家は、一乗院（門跡）水谷川の二百六十石、公債証書額九千三百四十八円（利子、四百六十七円）、大乗院（門跡）松園の二百二十石、公債証書額七千九百十円（利子、三百九十五円）を除くと、竹園や杉渓の五十石、公債証書額二千四百五十七円（利子、百二十二円）が過半数を占める。

最低額は北小路の二十一石、公債証書額千百二十四円（利子、五十六円）であった。

各院よりも格式の高い一乗院《いちじょういん》と大乗院《だいじょういん》の二家は、かろうじて堂上の平均的な家禄を得たが、他二十家の家禄は大幅に下回っている。このような結果を招いたのは、政府の財源多難なおり、かつての四家に与えたような家禄額の設定をおこなえなかったと見るのが自然である。

春日神社に奉職せず、京都に戻っていればと恨みごとをいってもはじまらない。五十石以下の彼らは政府の官職に就かない限り、一月十円以下での生活を余儀なくされた。明治七年の巡査の初任給が四円、アンパン一個が五厘、明治十年の白米十㌔が五十一銭（東京市場の価格）である。彼らが「四民ノ上ニ立」「国民中貴重ナ地位」を保ち、「皇室の藩屏」たる役割をはたす行動資金としては、少なすぎる金額といわざるを得ない。

興福寺を保存せよ

住職や学侶が春日神社に移ったため、無住となった興福寺の荒廃は著しかった。藤原氏の奈良華族にとって荒廃する興福寺の姿はほうっておけなかったに違いない。興福寺の保存、かつての姿に復興させようと立ち上がったのが、一乗院の水谷川忠起《みやがわただおき》と、大乗院の松園尚嘉《まつぞのひさよし》であった。一乗院の院主は皇族が主につとめたため「宮門跡」、大乗院の院主は摂関家がつとめたため「摂家門跡」と称され、両院の院主が交互に興福寺の別当を兼ねた。

図17　水谷川忠起

図18　松園尚嘉

水谷川と松園は、明治十三年五月に三条太政大臣に宛て興福寺復興の願書を提出した。藤原家と興福寺の由緒にはじまり、皇族が院主をつとめる一乗院の存在から皇室との特殊な関係にも言及する。興福寺の歴史を説明して重要性を強調したところで本題に入っていく。維新後の荒廃ぶりは目に余るものがあり、このままでは見る影もなくなってしまうと危機感を煽る。興福寺を保存するための組織を創設し、必要となる資本金五万円は藤原氏の華族から集めることを提案する。

実際に興福寺は荒廃していた。維新後に政府が神仏分離の方針を示すと、廃仏毀釈の運動が起こり、その被害を興福寺も受けた。維新後に興福寺の金堂が警察の屯所にあてられたときには、冬場に金堂のなかで焚き火がおこなわれ、燃料がなくなると天平時代からの遺物である仏像を叩き割って火のなかに投じた。現在国宝の十六弟子像や維摩《ゆいま》像は、当時の焼け残りである。また興福寺の塔を売りに出し、焼却されそうになったこともあった。

興福寺の荒廃は藤原氏の末裔である三条実美にとって他人事《ひとごと》ではなかった。三条は寺社を管轄する内務省社寺局長の桜井能監に意見を求めたようである。その回答と思える明治十三年九月に桜井が三条に提出した意見書では、住職を選定すること、保存会の組織化を図るため三条や奈良華族など三名の総代を選出すること、法相宗と真言宗の兼学などが述べられている。

桜井の意見をどこで聞いたのかは知らないが、同年十二月に久邇宮《くにのみや》御付の山藤孝行は、法相宗と真言宗の兼学は両派派閥抗争の火種となるから避けるべきだと横槍を入れてきた。主人の久邇宮朝彦《あさひこ》親王は伊勢神宮の祭主であり、のちに熱田神宮の取り扱いについて色々と意見を述べている。また朝彦が幕末に一乗院の院主をつとめた経験から察すると、寺社関係者から漏れ聞いてご注進したのではなかろうか。

いずれにせよ三条は横槍に動じなかった。桜井の意見を参考にしながら、水谷川と松園の願書を聞き入れたのである。そのことは、明治十四年八月二十一日に興福寺の保存を目的に創設された興福会に対し、皇太后と皇后から年に二百円を十年間下賜する旨が伝えられている事実が物語っている。興福会の会長には九条道孝が就任し、会員には近衛忠熙、三条実美、嵯峨実愛などの藤原氏の公家華族をはじめ、嵯峨家を宗家とする戸田三家などの武家華族も名を連ねた。会員は毎年六月と十二月に保護金を寄付した。

興福寺の復興計画は、桜井の提案にそっておこなわれた。住職には旧清水寺住職の園部忍慶が選ばれ、明治十五年三月三十日には「法相宗独立ニ付願」に調印し、六月二十六日に政府より法相宗独立が認可された。それから数年を経た明治二十一年四月、金堂本尊還仏会を挙行し、七月に境内地の設定が奈良県知事に認められ、興福寺の復興が実現する。

水谷川と松園の願いがかなった瞬間であったが、彼らを除くと奈良華族の運動は確認できない。興福会の記録にも奈良華族は両名に限られている。格式の高い一乗院と大乗院の院主であった両名を除くと、奈良華族は興福寺がどうなろうと知ったことではなかったのであろうか。おそらくそうではないだろう。彼らの苦しい生活状況に鑑みれば、保護金の寄付活動などできなかったと考えるのが自然である。平堂上家に相当する公債額を持つ水谷川と松園は、他の藤原氏二十家の奈良華族に比べると余裕があったため、保存運動に参加できたといえる。

ところ変われば品変わるというように、東京公家華族には京都公家華族とは違った意見の持ち主もいた。その持ち主とは、明治十六年八月に「公家華族ニ常職ヲ授クル議」という公家華族に関する意見書を作成した四条隆平《たかとし》である。戊辰戦争で北陸道鎮撫副総督として出撃し、各地を転戦した後に柏崎県、越後府、若松県、五条県、奈良県などの府県行政を経験した四条は、陸軍中将の養父隆謌《たかうた》とともに東京で生活していた。明治十五年五月十日からは太政官権少書記官兼元老院権少書記官に従事しており、帝国議会開設に向けては上院議員をつとめることが自身の役割であると心得るようになる。

公家華族の甘えを許すな

そのような彼の意見では、まず日本の国家において公家華族が不可欠な存在である点を、歴史から紐解いて説明する。徳川が支配して二百年がつづいたが、次第に幕府の権威は衰退し、再び朝廷の復権が望まれるようになった。ところが、近世の朝廷は飾りものの権威にすぎず、「譜代」や「親藩」には天皇の意向に抵抗する者も少なくなかった。幕末には朝廷に諸藩士が接近し、最終的に王政復古の政変が起こったが、それも朝廷内の公家が協力しなければ実現はしなかったと指摘する。

維新後に武家華族は天皇の恩義を受けているが、それも旧領地の人心を集めて力を保つための手段であり、はたして天皇家に有事が起きたときに擁護するだろうかと疑問を隠せないでいる。したがって、真の意味で「皇室の藩屏」となるべき素質があるのは公家しかいないと論じる。それにもかかわらず、現今の公家華族の実状を見ると力不足が感じられ、このまま萎縮していくと公家華族の子孫たちは「皇室の藩屏」となるべき義務を忘れてしまうだろうと警鐘を鳴らす。維新後の武家華族が広大な土地を所有し、政府官職をつとめて高い位階と勲等を得ているのに対し、公家華族は財源に乏しく政府官職に就く者は少ない。両華族の差異は開くばかりであるから、公家華族に「扶助」と「奨励」を与えるべきだと提案する。

ここで四条が本当に述べたい論点となる「扶助」と「奨励」が出てくる。「扶助」とは、公家華族に資金を恩賜するのではなく、官職に就かせるように取り計らうことだという。そして「奨励」とは、官職に就くだけではなく、その義務をはたすべき責任感を持たせることだと指摘する。きわめて厳しく見受けられるが、そのように公家華族の意識が変化しない限り、「皇室の藩屏」としての役割をはたすことはできないという現実的な意見であった。

京都公家華族のように官職に就かず、宮内省から貸付金を受け、その返済に再び同省から貸付金を要望するような姿は看過できなかったに違いない。上院議員を志す四条にとっては、帝国議会開設までに人々から公家華族が「廃物」と見られないよう奮起することが絶対的であったといえる。

杉渓言長の不満

奈良華族の杉渓言長《すぎたにときなが》が記した「陳情書」は、四条と対照的な意見である。ここでは杉渓のいい分に耳を傾けてみよう。杉渓言長は、山科言《とき》縄《なお》の三男として生まれたが、山科家を継ぐべき立場ではないため、四歳のときに京都を離れて興福寺の僧徒となった。還俗して再び京都に戻ったときは十二歳であり、そののちに彼は東京に上京し大隈重信が創設した東京専門学校（後の早稲田大学）で三年間学んだ。残念ながら勉学内容はわからないが、政治や法律などの基本的な知識を習得し、民権運動を肌身に感じたであろうことは容易に想像できる。

その彼が京都に戻り奈良華族の実状を三条実美に訴えたのが、明治二十二年に記されたものと推定される「陳情書」である。要約すれば、〈帝国議会の開設が目前に迫り、これまで国事を対岸の火と見なしてきた華族たちも互いに勉学に従事し、政界で活躍する準備をおこなっている。だが、奈良華族たちはそのような運動に参加する資金が乏しく、華族の役割をはたすことができていない。そればかりか他人との交際費はもとより、妻を養うという日常生活でさえ困難な状況である〉という。

少々大げさな気がしないでもないが、東京で見た華族たちの姿と比較すると、京都公家華族のなかでも底辺に位置する奈良華族の生活状況は、杉渓の目に余る光景であったといえる。実際、杉渓は東京で誕生した新華族と比較している。「四民の上に立つ道程」で述べたが、新華族とは、明治十七年七月の華族令により、維新の功労者として士族出身者から華族に列せられた者を指す。

家名永続金として、新華族の伯爵には三万円、子爵には二万円、男爵には一万円が下賜された。公債証書額一万円の五分利子は五百円であるから、政府が華族として家名を保つには最低でも五百円以上の年収が不可欠と見ていたことがわかる。華族令で奈良華族は男爵を授爵したが、新華族ではないため家名永続金は下賜されなかった。この点を不公平な措置であると不満を持つ杉渓は、同じ男爵の奈良華族にも一万円の家名永続金を下賜して欲しいと要求する。

図19　杉渓言長

京都公家華族のなかで一万円の資産を持つ者はなく、奈良華族の旧禄高は公家華族の五分の一にしか満たない。そして春日神社に残留した藤原氏の華族は、京都に戻った他氏の華族よりも三条と近い関係にあるのだから、手厚い保護をおこなってもらいたいと温情に訴えている。杉渓にすれば、なぜ藤原氏の奈良華族だけが経済的な差別を受けるのかと感じたのである。経済的な格差がありながら、武家華族や新華族と同じような活動をしろといってもできるわけがないというのが杉渓の論理である。彼の論理は四条からすれば甘えでしかなかっただろうが、先立つものがなければ十分な活動ができない奈良華族の苦しい立場も見落としてはならない。

三条実美と恩賜金

三条実美は京都公家華族の活躍を期待していた。明治十七年五月二十八日、三条は京都を訪れ、桂宮邸で京都公家華族たちに演説をおこなった。演説内容は〈これまで度々勅諭のあったことは承知しているだろうが、その趣旨を遵奉して欲しい〉、〈最近若い京都公家華族が大いに勉強しているが、いよいよ国会開設の時期が近づいてきたから、なおさら怠けることなく勉励するように心得ること〉、〈在世中の岩倉公から受けた厚恩を忘れてはならない〉（「廻章留・第四」明治十七年）という三点であった。

このような期待から、内大臣の三条は京都公家華族たちへの恩賜金を実現させる。明治二十三年四月、天皇は四度目の京都行幸をはたすと、前々回と前回同様、天皇から公家華族たちには恩賜金が下賜されるが、今回はそれまでの数百円とは異なり、一万円という破格の金額であった。三条は近親者から京都公家華族たちに恩賜金を出して欲しいとの声が

図20　今園国映

図21　藤枝雅之

出ていたことに加え、杉渓の意見や奈良華族の貸付金要望を受け、それらに少しでも応えてやろうと思ったのだろう。

だが、一万円の公債証書は宮内省内蔵《くら》寮が管理し、年五分利子の五百円を有爵者四十六名および有位者十八名に分配するもので、毎年六月と十二月の支給額は有爵者四円五十銭、有位者二円二十五銭であった。一万円を浪費させないための手段とはいえ、これでは京都公家華族たちの生活の足しにもならなかったのではないか。

その証左となるのが、同年に奈良華族たちが宮内大臣土方久元宛の「拝借金願」を作成していることである。奈良華族十八名の総代には今園国映《いまそのくにてる》と藤枝雅之《ふじえまさゆき》が選ばれた。宮内省から十万円を三十年賦無利子で借り、日本鉄道会社株を千百株購入し、その利子六千六百六十六円から毎年の返済額三千三百三十三円を差し引き、一家につき百八十五円余の配当金を支給するという計画であった。だが、管見の限り奈良華族に貸付金がおこなわれた形跡は見られない。

いずれにせよ京都公家華族たちは、巨額な財産を有する者を含む武家華族や、政府高官の高級取りの者を含む新華族たちとの経済格差が埋まらないまま、帝国議会の開設を迎えたのである。

東西両京を往復する公家華族

帝国議会に登院する準備

大日本帝国憲法の発布

帝国憲法の発布が迫ると、それまで国政に関心の少なかった華族たちにも緊張感があらわれた。「四民の上に立つ道程」で述べた講習会に通った京都公家華族のように、国政に関与して「皇室の藩屛」という役割をはたそうとする華族たちの意識は高まった。そして明治二十二年（一八八九）二月十一日、大日本帝国憲法が発布された。東京では新しく建設された明治宮殿（明治六年五月の火災で皇城が焼失してからは、旧和歌山藩中屋敷を赤坂仮皇居として利用していた）の正殿で記念式典が挙行され、同夜は宮殿内の豊明殿《ほうめいでん》で晩餐会が開かれた。

東京に移った公家華族たちは大礼服に勲章といういでたちで儀式に参加したが、京都の公家華族たちはその華やかな模様を体感することはなかった。この記念すべき日に彼らは京都を動かず、午前十時に主殿《ともの》寮出張所で祝賀の挨拶を済ませると帰宅し、午後二時から会館分局で開かれた憲法発布の祝宴に参加した。ところが久世によれば、天皇と皇后の御真影を拝するだけであり、毎年春と秋に開かれる懇親会と変わらなかったという。

物足りなさを感じた久世は、午後六時から町尻《まちじり》邸に向かい、町尻量弘《かずひろ》および藤谷為寛《ふじたにためちか》と寺町通りを遊歩しながら、夕食をとる店を探した。ところが、憲法発布の記念日とあって、どこの店も混雑しており、三者は町尻邸に帰って食事をしている。

華族たちの覚悟

東京の華族会館では帝国憲法が発布されると、会館内で憲法や法律に関する研究会が相次いで設けられた。大給《おぎゅう》恒《ゆずる》ら子爵の同志で結成した「研精会」、公侯爵を中心とする「法律研究会」などがそれである。「同方会」では枢密院議長伊藤博文による「立憲政体上下両院組織上ノ事」という演説がおこなわれ、「憲法講究会」では法学士富井政章が講師に招かれている。会館内は研究会ラッシュとなり、それゆえ「館務モ亦昔日ニ比スレハ頓《とみ》ニ繁劇ヲ極ム」（『華族会館誌』上、明治二十二年三月二十八日条）という状況であった。

このような動きは、翌年の帝国議会開設に備えた華族の覚悟をあらわしていたといえるが、それは華族会館分局における公家華族たちも例外ではない。明治十九年十二月二十日に華族の研究団体として「華族青年会」が発足すると、京都でも同会の会合がおこなわれた。久世通章の日記に「青年会」の記述は散見され、明治二十二年一月から六月まで継続して同会に参加しているのが確認できる。また四月十日、会館分局は第三月曜日に「憲法講義」をおこなうことを華族たちに知らせた。七月には憲法の講義が終了したが、梅小路《うめこうじ》定行《さだゆき》・舟橋遂賢《ふなはしなるかた》・久世通章《みちふみ》・藤枝雅之《ふじえまさゆき》・冷泉為紀《れいぜいためもと》は、国会開設に向けた本格的な準備を望むようになる。そして八月二十二日、彼らは連名で会館分局長梅渓通善《うめたにみちたる》宛に建議書を提出している。

貴族院議員タル事ハ頗《すこぶ》ル重大ナル事ニシテ選挙ノ権ハ最モ貴重スヘキ者タリ、何トナレハ貴族院ハ衆議院ト共ニ国家ノ大権タル立法権ヲ掌握スル所ニシテ、之カ議員タル者ハ即チ立法権ヲ左右スルノ人々タリ、然《しか》レハ選挙権ヲ有スル人々ハ議員選挙ノ事ハ勿論、其規程ヲ定ムル等ノコトニ於テ予《あらかじ》メ深ク注意セサレハ、大ニシテ国家ノ大害ヲ生シ、小ニシテ我同族ノ不利益ヲ来シ、華族ノ国家ニ対スル義務ニ背キ、甚シキニ至リテハ其地位ヲ辱《はずか》シムルノ場合ニ立チ至ルヤモ計リ難シト存候。

（『華族会館誌』上、明治二十二年十月二十五日条）

右は建議書の冒頭部分から主要箇所を抜き出したものであるが、ここからは彼らの華族としての覚悟が見て取れる。貴族院議員に選ばれる資格を持つ彼らは、〈国民の有権者から選出された衆議院議員とともに、国家の立法権を左右する重責を課されたことを認識し、その任務をはたすには議員選挙規程はもとより、諸法律をよく知っておかねばならないと論じる。そうでなければ、国家に大きな被害をもたらし、自身の不祥事から華族たちの立場に不利益をこうむらせることにもなる。華族の義務に背き、その地位を辱める場合がないともいえない〉という。

彼らは、政治や法律の知識を十分に備えて、貴族院議員として国政に関与することが「皇室の藩屏」という華族の義務をはたすことであると考えていた。右の文章につづけて建議書では、①貴族院議員選出に対する準備会として伯子男爵会を設置し、京都公家華族の協議の場とする一方、東京の各爵機関との気脈を通じる。②華族に必要な法律などを研究する講義会または討論会を設けること。③貴族院議員選挙規程などを議論するため上京し、東京の華族と運動をおこなうこと。など具体的に三点を要求する。

いずれも帝国議会開設までの期間限定の計画であったとはいえ、三点を実現させるにはそれ相当の費用が必要となる。建議書の末尾部分では東京の華族会館から八百円支給してもらえるよう訴えている。その内訳は、「法律学講師謝儀」百五十円、「政治並《ならびに》経済学講師謝儀」百十円、「法律政治並経済学研究会講師謝儀」百三十五円、「選挙規程協議会東上委員五名旅費並滞在手当」三百円、「廿三年七月投票会ノ節二名東上入費」六十五円である。

この建議書は梅渓から華族会館に送付されたが、その決議をめぐって議題にかけられたのは十月二十五日であった。なぜ二ヵ月も要したのかはわからないが、当日の議題では要求額八百円の半額四百円となっているから、支給額を全額にするか否かでもめたのかもしれない。なにはともあれ、十一月五日に華族会館の講義費から、分局が要求した半額四百円の支給が決定された。

舟橋遂賢の華族論

憲法発布および帝国議会の開設に際して華族の研究団体が乱立したが、なかでも「華族青年会」は中心的存在であった。明治二十一年一月二十八日に「華族青年会」は「華族同方会」と改称され、八月八日には『華族同方会演説集』第一号が刊行された。そして、明治二十二年十月からは『華族同方会報告』第一号が刊行され、会員相互の情報の共有がはかられた。毎号、華族の論説が掲載されており、当時の華族たちの考え方を知ることのできる好材料である。

そのなかで舟橋遂賢は、『華族同方会報告』の第二号から第五号にわたって「華族論」を主張している。まず舟橋は、〈世襲王室の国家において貴族は欠くべからざる存在であるため、我が皇室を支える華族の廃止論は妥当ではなく、華族は天皇と国民の間に立たねばならない〉と論じる。この論理は、華族会館創設時に中堅華族の集まりである通款社が示した意見と一致する。そして舟橋は、〈華族令によって爵位が設けられたものの、それは華族の地位を示すだけのものであり、華族の権利や保護すべき制度が欠けている〉と述べる。舟橋は武家華族と公家華族とに貧富の格差があり、新華族には家名永続金の支給があるのに公家華族たちにはないため、〈華族の保護に不公平があってはならない〉と指摘する。

この意見は、先述した奈良華族の杉渓言長が三条実美に宛てた書翰と同じである。舟橋はこのままだと、〈公家華族は武家華族や新華族を蔑視し、武家華族や新華族は地位の高い公家華族に嫉妬する〉という、華族間の確執を生むという。そもそも華族制度といっても、公家・武家・新華族の出身によって資質は異なっており、それらを抱合する方策を立てなければならないと警鐘を鳴らす。そこで舟橋は、〈公家と武家、さらに両者と新華族の間で婚姻関係を結び、相互間の一致協力を図るべきだ〉と主張する。

そして〈東京と京都の華族は連携を取り、各地方の判断だけで結果を出してはならない〉と述べる。これは帝国議会が開かれてから起こりうる政治問題に対し、京都の公家華族が独自に判断したり、東京の華族が地方在住華族を無視して政治行動に出るのを阻止する意見であった。〈東京と京都は鉄道を使えば半日で行くことが可能になったのだから、両都を頻繁に往復して華族間で情報を共有し、各問題に対処すべきだ〉という。実際、舟橋は貴族院議員に選出されると、持論を実行することとなる。

杉渓言長の華族資質論

三条実美に奈良華族の経済事情を訴えた杉渓言長《すぎたにときなが》は、『華族同方会報告』第六号と第七号に「華族ハ何ヲ為スヘキヤ」と題する論説を表明している。

ここで杉渓は、公家華族が経済的に恵まれていないことには触れず、華族はどのような役割をはたすべきかを追求する。彼は〈欧州の貴族のような大土地所有者でなくても華族の役割ははたすことができる〉という。〈古代における公家の役割は政治と軍事であったが、中世から武家がそれらを担うようになり、近世の公家は文化に限定されてしまった〉。国家にとって政治と軍事は重要な役割であるが、それを公家が十分につとめられなかった歴史的背景を説明する。

そして幕末に開国されると、〈諸外国との交流から大使や公使に華族が任命される場合が少なくなかったが、これは天皇の代理であるため、高貴な出自の華族が選ばれている〉という。だが杉渓は、そのような立場に甘んじていてはならないと、華族が外交官になるのを否定する。また〈学問にも色々な種類があり、文学は優美で華族には適し、画学は事物を写し取り後世に伝える意義がある〉と論じるが、華族は〈法律学と政治学を学び、貴族院議員として「公正無私」な態度で国政に関与せよ〉と主張する。杉渓が求めた「華族ハ何ヲ為スヘキヤ」とは、貴族院議員になることであった。

この意見より五年前に杉渓は、久世通章たちと学習院京都分院設置運動を展開した。そのときも会館分局内で絵画や詩歌だけを習っていても意味がないと論じていた。そして三条に宛てた奈良華族の経済事情を訴えた書翰では、他の華族との経済格差が埋まらないと十分な政治活動ができないという意見であった。このように杉渓は一貫して華族の役割を国政参加に求めていた。その機会が迫ったとき、研究会誌を介して京都華族だけでなく全華族たちに声を大にして持論を主張したかったのだろう。

帝国議会の開会式

貴族院選挙規程は、明治二十二年から伯子男爵選挙規程委員により草案の起草が進められ、明治二十三年二月十五日には華族会館で協議会の第一読会が開催された。当日は百三十七名の議員が集まり、京都からは久世通章・舟橋遂賢・梅小路定行が参加した。梅小路は第一読会における規程修正案も待たず、二月二十六日に東京を出発したが、久世と舟橋は五月十日の第三読会で決議されるまで東京にとどまり、十二日に京都へ向けて出発している。

この選挙規程にもとづき、明治二十三年七月十日に華族会館で伯子男爵の互選選挙がおこなれた。京都公家華族では、伯爵議員十五名のうち三十七票の冷泉為紀、子爵議員七十名のうち百九十六票の久世通章、百九十五票の舟橋遂賢が、男爵議員二十名のうち六十五票の中川興長《なかがわおきなが》、五十三票の杉渓言長、四十九票の玉松真幸《たままつまさき》、四十五票の小松行正《こまつゆきまさ》が選ばれた。地方当選華族は三十日以内に請書を華族会館宛に送付しなければならなかったが、男

図22　中川興長

図23　若王子遠文

爵から玉松ら辞退者が出たため、次点の藤枝雅之、若王子《にゃくおうじ》遠文《ふかや》が繰上げ当選した。補欠当選であったとはいえ、奈良華族など僧侶から還俗した者の奮闘ぶりがうかがえる。

久世と舟橋は、十月二十八日に京都駅を午後八時発の列車に乗車し、翌二十九日午後二時に新橋駅に到着した。新橋駅には先着していた杉渓言長ら京都公家華族が出迎えた。彼らは開会式までの一ヵ月間、華族会館で開かれる華族同報会に参加し、互いの居住先を往復するなどしてすごした。その間には麹町区内幸町に木造の第一次仮議事堂が完成している。議事堂は永田町に建設する予定であったが、多額な費用を要するため中止となり、その代わりとして仮議事堂が建てられた。

帝国議会の開会式は、十一月二十九日に挙行された。有権者から選ばれた衆議院議員の多くはフロックコートを着ていたが、貴族院議員は大礼服に勲章を佩用《はいよう》した者で占められた。久世も例外ではなく、このために新調した大礼服を着て議場に向かっている。

どこから議事堂に通ったか

東京に上京した京都公家華族たちはどこに住んだのか。ここでは久世通章の事例から探ってみよう。久世は東京に到着すると、麻布区飯倉町三丁目二十六番地の中村春という人物宅に止宿し、彼の家令である長沢員矩も同居した。彼らは東京に到着し、止宿先が決まると、その旨を各関係方面に届出なければならなかった。

久世は、明治二十三年十一月一日に「着京届」を宮内省爵位局長岩倉具定《ともさだ》、二日に「止宿届」を貴族院書記官長金子堅太郎・華族同方会・華族会館・警察署に、それぞれ差し出している。貴族院はもとより、華族会館や同方会における議事の開催や会合の知らせを受けるため、連絡が取れる場所を伝えておく必要があった。また宮中には通行許可証である「御門鑑」がないと入れないため、爵位局には「着京届」と同時に「御門鑑札下付願」を提出している。久世は自身が用いる「華印御門鑑札」一枚、長沢らが使用する「従者用御門鑑札」二枚、また馬車を使う際の不足を予想して別に二枚を受取った。

ところが、十一月七日に久世は中村春の邸宅から、京橋区築地二丁目二十一番地へ移り、ここでは梅渓通魯《みちさと》と同居した。転居したため、今度は貴族院書記官長・爵位局長・京橋区長・華族会館・華族同方会・華族会館分局長・京都府知事・京都上京区長宛に「寄留届」を提出している。引越しの当日は、荷物運送作業に午前八時から午後二時までかかり、その数量は「荷車七輌ヲ要セリ」（「記録」明治二十三年十一月七日条）という。これは久世と梅渓を合わせた数量だが、東京滞在中には三輌半ほどの荷物が必要であったことがわかる。

インフルエンザの流行

帝国議会で最初の議会が開かれていたころ、東京ではインフルエンザが流行していた。当時は現在のような高度な医療設備や特効薬がないため、インフルエンザは結核同様に命取りとなる病魔として恐れられた。明治二十四年一月十九日に久世もインフルエンザに罹ってしまう。病状の回復は遅れ、二月四日には貴族院議長伊藤博文に宛て、貴族院に欠席延長願いを出している。

久世は大事に至らなかったが、同じくインフルエンザに罹った内大臣三条実美の病状は芳しくなかった。二月十八日に久世は、貴族院へ出席し、華族会館に寄ってから、三条邸へ見舞いに訪れている。久世が年少のころに京都など捨ててもよいといった三条だが、京都公家華族たちにとっては岩倉具視亡き後に頼るべき存在であった。

見舞いに訪れた久世がなにを語ったかはわからないが、自分もインフルエンザに苦しんだ経験と、早く良くなるよう励ましの言葉をかけたのではなかったか。だが、三条からの返事はなかっただろう。すでに三条は重篤であり、その場で久世は彼が肺炎を併発していることを知らされている。久世が見舞いを終えた後、三条は一刻の猶予も許さない危篤となり、ついに還らぬ人となった。

それから一週間後の二月二十五日に三条の国葬がおこなわれ、遺体は護国寺に埋葬された。護国寺に向かう霊柩車の前後には国葬の礼式にもとづく葬列が組まれ、沿道では多くの人々が見送った。久世は京都総代の梅小路定行と馬車に同乗して葬式に参加した。ちなみに明治二十四年七月十日、梅小路は貴族院議員に補欠当選している。

貴族院議員の意気込み

久世がインフルエンザで寝込んだ翌日の明治二十四年一月二十日、第一次仮議事堂は電燈線の失火により全焼してしまう。残された会期は、貴族院を幸橋内の鹿鳴館（のちに華族会館）、衆議院を虎ノ門の東京女学館（元工部大学校）に置いた。二十四日に貴族院は、鹿鳴館では手狭となり、隣接する帝国ホテルの舞踏室へと移された。当時、華族会館には調査課が置かれており、同課では議会の議題としてあがっていた懸案に関係する書類を作成していた。

それが具体的にいかにして作られたのか、全体としてどのくらいあったのかは判然としない。明治二十四年二月に久世は、新庄直陳（旧常陸麻生《ひたちあそう》藩主家）から「海関税目」（華族会館調査課調査）と「仏国道路条例」（同課翻訳）を、三月には「金子堅太郎氏　欧米議院見聞録」と題された書類を、それぞれ借りて筆写している。貴族院議員の出発に際して十分な知識を得ようとする、久世の意気込みが見て取れる。

また久世の手元には、当時の議会の模様を伝える各種法案審議書類が残されている。帝国議会が開かれた年と翌年のものだけで三十六件ある。両年のうち久世が議案内容に賛成したのは、明治二十四年三月五日に提出された谷干城《たにたてき》の発議による「財政調査法案」に限られる。だが、各議案には久世自筆による書き込みや朱書きが散見され、彼が各内容を理解しようとつとめていた痕跡がうかがえる。

さらに各議案内容の簿冊は、単に法案提出順に綴っているだけでなく、「両院可決」「貴族院可決」「衆議院否決」「自然消滅」という結果別に纏められている。明治三十年まで同じような各議案内容の簿冊が多数確認できる。これらの簿冊は、帝国議会における久世の発言数は少ないものの、貴族院議員としての責務を自覚していたことを今に伝える。それに加えて、先例を重んじて各種別に日誌をつける公家の几帳面な資質が、よくあらわれているともいえる。

貴族院議員久世通章の活動

京都三大事件

明治二十四年十一月十九日に貴族院議員の若王子遠文と中川興長が東京に向けて出発している。久世通章も再び東京に出向き、前年と同じく貴族院の議事をはじめ、華族会館の会合などに出席した。滞京中、久世は補欠当選した梅小路定行と同居している。約三ヵ月滞在した後、明治二十五年一月十一日に京都へ戻った久世は、翌日の十二日に華族会館分局で在京中の実況報告をおこなっている。その具体的な内容はわからないが、久世がどのような人物と会談し、また東京でなにが起きているかなどを伝達したことは間違いないだろう。

明治二十五年三月二十五日から二十九日まで京都市議会議員選挙がおこなわれると、久世は上京区三級の選挙区から立候補し、当選をはたしている。京都の有力紙『日出新聞』

には、「久世子爵なか〱熱心の趣き、身華族貴族院議員にありながら、三級より打て出でられ当市の為に尽さる由」（『日出新聞』明治二十五年三月二十三日）とある。久世は貴族院議員として国政に関与する一方、京都市議会議員となって京都市の行政に尽くそうとしていた。当時、市議会議員をつとめる公家華族は久世以外にはいなかった。

貴族院議員をつとめる京都公家華族たちには、その立場を利用して京都に多少なりとも利益をもたらそうという気持ちがあったと思われる。久世のように京都市議会議員となれば、そのような気持ちが一層強かったことはいうまでもない。実際、これから述べるように久世は京都三大事件に関与するようになっていく。京都三大事件とは、内国勧業博覧会・平安遷都紀念祭・京鶴鉄道である。平安遷都紀念祭は、五月二十六日に京都市議会で開催が決議された。内国勧業博覧会の京都誘致が本格化すると、紀念祭委員の浜岡光哲や中村栄助らが東京に上京し、華族や有力政治家に開催に向けた運動がおこなわれた。

七月二十六日の京都市議会では内国博と京鶴鉄道の委員が新たに設置され、内国博委員に久世・雨森菊太郎・中野忠八・東枝吉兵衛・碓井小三郎・中村栄助・浜岡光哲が選ばれ、紀念祭委員に久世・浜岡・中村が追加された。九月二十三日の京都市議会で内国勧業博覧会と平安遷都紀念祭を、同二十八年に同時開催することが決議されると、久世・碓井・内貴甚三郎らは祭日の手がかりを求めるため、太秦《うずまさ》広隆寺・延暦寺・教王護国寺・長岡などに出張し、旧記の調査を実施している（小林丈広「平安遷都千百年紀念祭と平安神宮の創建」）。

そして十月十八日、華族会館分局に四十名の公家華族が集められ、分局長石野《いわの》基佑《もとすけ》から京都市紀念祭および博覧会に賛成してほしいとの趣旨説明がおこなわれた。その後には紀念祭および博覧会委員の大沢善助と西村七三郎から詳細な内容が語られた。公家華族からは二、三の質問があり、即決はできないという者もいたが、「九分九厘」は同意した。当日欠席した慈光寺《じこうじ》有仲《ありなか》と梅渓通治《みちとう》は、翌朝に会館分局を訪れて賛意を伝えている（『日出新聞』明治二十五年十月二十日）。

図24　植松雅平

それから一月後の十一月十六日には、帝国議会に京都三大事件を実現させる請願書を提出するため、公家華族たちに請願書への調印が求められた。この日に会館分局では四十九名が調印したが、植松雅平《まさひら》だけは「華族にして平民と身分異なれば三問題には賛成なれど、平民共と一緒に署名しがたし」と

（『日出新聞』明治二十五年十一月十七日）、別の紙に調印している。このあたりは同じ宗族でありながら、久世とは対照的な態度である。

面倒なことは困る

明治二十五年十一月二十日、久世は七条停車場を午後二時四十三分に出発する列車に乗車した。見送りには、杉渓言長・町尻量弘の他に野原新造など、京都産業界の有力者もきていた。これは久世が市議会議員をつとめていたことに加え、京都三大事件との関係によると思われる。二十一日の午後十二時三十分、列車は新橋駅に到着した。出迎えには先着していた舟橋遂賢・梅小路定行と、家令の長沢員矩、旅人宿久和家店主の片山正通らであった。

久世が宿泊した久和家は、麴町区内幸町一ノ五、幸橋内ヲ西へ三丁にあり、三層の楼から眺める夕方の景色は格別だという。久和家から議事堂へは一丁、外務省へは二丁、司法省・大審院・東京地方裁判所へは六丁、宮内省・大蔵省・内務省へは十丁、新橋停車場へは五丁という距離であった（賀集三平編『東京諸営業員録』）。ここを久世が選んだ理由は眺望だけでなく、議事堂や華族会館など各所へ通いやすかったからだろう。

その翌日から久世は、時間刻みで貴族院議員をつとめる多くの公家華族たちと面談した。十一月二十二日には中川興長と鉄道の件を相談し、藤枝雅之には博覧会の意見書を渡している。翌二十三日、再び藤枝と博覧会について話し、今園国映には鉄道調査書などを渡した。その一方で二十六日に久世は「京都委員諸氏」を訪れ、藤枝から聞いた印刷物の内容や、貴族院議員のなかで優先して訪問すべき人名などについて相談している。そして二十七日には藤枝と印刷物の内容について確認するなど、久世は貴族院議員と、京都三大事件に関する各委員との仲介役を担っていたことが見て取れる。

そのような久世の役割を各委員たちも期待していた。十二月十二日に久世邸を訪れた浜岡光哲および東枝吉兵衛は、久世と「貴族院内ニ於ル博覧会運動之件」を相談している。彼ら委員が久世に求めたのは、貴族院内で三大事件を有利に展開させるため、貴族院議員らに運動してもらうことであった。翌十三日には、久世邸に能勢儀兵衛および児嶋定七が来訪し、十七日に「京都人懇親会」を開催するから、その発起人になって欲しいと頼んでいる。

だが、これを受けた久世は即決しなかった。彼は「面働《ママ》ナルコトハ困難ナリ」と参加を断っている。これに対して能勢と児嶋は「何も面働《ママ》ナルコトハナシ、奔走ハ凡《すべ》テ自分等ニテ致シ候」（「雑記」明治二十五年十二月十三日条）などと説得し、久世は両名以外にも発起人がいることを知ると、ようやく承諾している。このあたりには久世の限界性を示していて興味深い。彼は京都の経済発展をもたらす三大事件には賛成し、その実現化に向けて仲介役をつとめる。だが、あくまで仲介役であり、各書類の作成や関係各所を回るような下

図25　山科言綏

働きは「面働ナルコト」であった。

山科家の不祥事を解決せよ

久世が東京に上京する前、京都では杉渓の実家である山科家で不祥事が起きていた（この内容については「社会を騒がす公家華族」で述べる）。明治二十五年十一月二十四日、杉渓は久世に二日遅れで新橋駅に到着する。午前八時、久世は若王子と同伴で杉渓を出迎えると、彼を自分の旅宿に招き、三者で山科家の問題について相談している。午前十時、そこに河辺《かわべ》隆次を呼び、相談書類を記して各所に郵送する。久世の旅宿を去ったのが、杉渓は午後二時、河辺は同八時というから、相談が長引いた様子がうかがえる。

そこでの相談結果、十一月二十七日に久世は杉渓と「山科家旧記取調目録」を作成する。翌二十八日、久世は宮内省爵位局長岩倉具定を訪れ、山科家の問題および同家救助の件を申し入れる。山科家で所有する旧記を、宮内省に二百五十円で買い取って欲しいという提案である。そして三十日には、山科家の家政整理をおこなうため、請暇を得た若王子遠文が京都に戻った。十二月三日、杉渓は山科家の旧記を携えて爵位局に出頭している。

この旧記売却は、山科家の財政難を救う措置として考え出されたものであった。十二月五日の夕方、久世は岩倉を再び訪れ、爵位局主事の桂潜太郎などとともに洋食を食べながら、「京都華族ノ件ニ付相談」している。その話題に山科家の問題が出たことは想像に難くない。その証左となるのが、同日付で久世が杉渓に「二男丸願済廃嫡記差出タルコト」、「爵位局ヨリ二男丸廃嫡願指令書来」、「爵位局へ言綏《ときまさ》廃嫡願出ス」（「雑記」明治二十五年十二月五日条）という内容を伝えていることである。

そして十二月七日、久世は杉渓に廃嫡願いに対する指令書を送り、爵位局へは山科言綏の戸籍を分ける「別戸願」を提出する。九日に久世は、宮内省より山科家旧記買取の二百五十円を受け取り、「請取書」に署名捺印している。この久世の行動からは、京都公家華族が貴族院議員として上京した際、仲間の華族が抱える問題解決に当っていたことが見て取れる。

久世通章の東京見物

左の史料は、明治二十五年十二月十一日に久世通章が記した日記から抜粋したものである。

午后零時廿分ヨリ三人同伴浅草へ行、銀座ヨリ鉄道馬車ニテ雷門ニテ降リ、書画展覧会ヲ見、凌雲閣ニ昇リ、后《のち》花やしきにて夕食シ、后芳原《（ママ）》ノ夜景ヲ見、浅草ニ帰リ、鉄道馬車ニテ京橋ニ至リ散歩シ、みの常ニテ買物シ、三橋亭ニテ洋食ヲナシ、十時帰宅。

（「雑記」明治二十五年十二月十一日条）

昼過ぎに誰かはわからないが三名を連れて浅草へ向かった。文明開化で銀座に登場した鉄道馬車に乗車し、雷門前で降り、開催中の書画展覧会を見ている。また明治時代の東京スカイツリーともいうべき、当時の日本でもっとも高い建築物として人気を博した凌雲閣に登り、東京を一望した。その後は、現在の遊園地とは程遠く、植物公園として名所であった花やしきで夕食を食べているが、ここでは屋台のような店で簡単な軽食をとったと思われる。さらに遊郭として有名な吉原の夜景を眺めるため足を伸ばし、再び浅草まで引き返し鉄道馬車に乗って京橋まで戻る。そこから銀座に向かって散歩し、みの常という久世の行き着けの店で買物をしている。三橋亭で洋食を食べて、夜十時に帰宅した。

これより前の十一月二十五日には、久世は舟橋および梅小路とともに、浅草から隅田川を渡った場所にある玉の井に行っている。ここは大正十二年（一九二三）の関東大震災後に凌雲閣の下にあった私娼窟が移り、永井荷風がそこの娼婦と小説家との情愛を描いた『濹東綺譚』の舞台になったところである。それよりも前の話であるから、私娼窟であふれていたとは思えないが、芸娼妓の店が皆無ではなかっただろう。久世は、京都でも講習会に通う華族たちと三本木で酒宴を開いているが、三本木の一角には花街もあり、そうした店に若い彼らが入らなかったとはいいきれない。

先の吉原見物で入店はしなかったものの、外から眺めて通ったことは奇麗な女性が嫌いではない証左となっていよう。明治四十二年、久世の娘三千子は女官奉仕のため東京に出てきたが、このとき久世も心配して同行した。人の噂で浅草は面白いところと知った三千子が「今度は浅草という所にまいりましょう」というと、久世は「あそこは上品な人のいく場所ではない」（山川三千子『女官』）といって連れて行かなかった。自分のことを棚に上げた発言だが、よく知っていればこそ行かせるわけにはいかないという気分になるのである。

平安遷都紀念祭と久世通章

京都三大事件の仲介役をつとめ、山科家の不祥事を処理した久世は、明治二十五年十二月二十五日に京都へ戻った。列車には小松行正・舟橋遂賢・梅小路定行・藤枝雅之・今園国映が同乗していた。例年どおり帝国議会の開会式に出席し、それぞれ滞京中の仕事をおえたのである。京都では平安遷都紀念祭の計画が進められた。明治二十六年三月六日、京都市議会は臨時委員である「遷都紀念祭委員」を設置し、久世通章ら七名が選出された。翌七日に市参事会から三名、市公民から五名を選び、十二日の臨時委員会で紀念祭事務分科と委員の分担が決まった。式典および編集部・博覧会の部・土木部・接待部・庶務部・調査部があったが、久世は式典および編集部と、調査部の主任をつとめた。

内国博が京都で実施されることが決まると、今度は京都市内のどの場所で開催するのかが争点となった。内国博の開催地をめぐっては、京都市議会で岡崎・聖護院《しょうごいん》地域と、船岡山や新町頭とで意見が分かれた。このうち久世は後者を支持し、次のように持論を展開した。

博覧会開設ノ依テ起リタル原因二アリ、一ニ曰《いわ》ク車駕東遷以来日ニ月ニ衰頽スルニ付、桓武帝遷都千百年祭ヲ挙行スル事、二ニ曰ク此ノ衰運ヲ挽回セン為メ第四回内国勧業博覧会ヲ挙行スル事是レナリ、然《しか》ラバ此ノ博覧会ヲ開設スルニ付テハ市民タル者出来得ベキ丈ケ金儲ケヲルノ方針ヲ執ラザルベカラズ（中略）疎水沿岸ハ余リ東極ニ偏スレバ不可ナリト云フ考ナリ、抑《そもそ》モ岡崎、聖護院町ノ如キハ疎水工事ノ為メ大ニ開拓サレシヲ以テ之ヲ市ニ編入シタル者ニシテ昔時ハ寥々《りょうりょう》トシテ園圃タリシ所ナリ、而《しか》シテ京都ノ地形ヨリ云ヘバ所謂《いわゆる》七条停車場ヲ始メ三条蹴上ゲノ如キハ家ニテ言ヘバ玄関台所ノ如キ所ナリ、去レバ本員等ノ考ハ博覧会ノ為メ来京スルモノヲシテ徒ラニ玄関ノミニ通サズシテ（中略）離レ座敷迄通ス様ニセン意見ナリ（中略）元来東方ハ期セズシテ日々繁盛ニ赴ク者ニシテ老少共ニ東ニ歩ヲ進メルヲ喜ブ有様ナリ、既ニ期セズシテ繁栄ニ赴ク所ヘ博覧会ヲ開クトセバ是レ決シテ京都ノ衰運ヲ挽回スル者ト云フヲ得ズ。

（この史料は、吉岡拓『十九世紀民衆の歴史意識・由緒と天皇』が紹介している）

久世は、内国博および紀念祭の開催は、天皇再幸より年々衰退している京都の復興を図るものであり、その意味では京都市民の経済振興の方針をとらなければならないという。また岡崎・聖護院地域は琵琶湖疏水工事により開拓が進んだが、それまでは寂寥《せきりょう》とした田園地帯であったことを指摘し、来京者には京都の玄関台所となる七条停車場および三条蹴上げだけでなく、離れ座敷というべき京都市の都市振興策から取り残された地域まで通すようでなければならないと論じる。そして京都の繁栄は鴨東地域に偏っており、すでに繁栄している地域で博覧会を開催したのでは当初の目的に反し、京都の衰退を挽回することはできないではないかと主張する。

ここからは、久世が博覧会の誘致を京都の地域振興と重ねて考えていたことが理解できる。久世の反対意見があったものの、開催地は投票の結果、岡崎・聖護院地域となった。協賛会の発起人会は、明治二十六年四月十八日に京都、翌十九日に東京で開かれた。そして両日の協賛会会長選挙の結果、会長には近衛篤麿《あつまろ》が就任した。近衛を会長に推したのには、貴族院内で華族たちに顔が利くとの判断があったからではなかったか。そして京都委員で唯一の公家華族である久世が、近衛が会頭をつとめる三曜会に所属していたのも偶然ではないだろう。後述するように京都公家華族たちは東京に上京すると、料亭に近衛を招待することが少なくなかった。そうした宴席で彼らの意向を伝えていた経緯から察すると、紀念祭の実施に向けても同じような運動があったと見るのが自然である。

旧堂上華族恵恤金と三曜会

近衛篤麿の主張

これまで公家華族たちの生活が楽なものでなかったことは、負債問題を抱えては貸付金を求める姿から理解できたであろう。そのような状況は帝国議会が開かれても変わらなかったため、ついに見かねた旧五摂家筆頭の近衛篤麿が立ち上がった。名門近衛家の当主篤麿は、幕末に内大臣をつとめた忠熙を父に持ち、孫には昭和戦中期に総理大臣をつとめた文麿がいる。そして篤麿自身も明治十七年九月から欧州留学を命じられ、ドイツのボン大学で学んだのち、明治二十三年にライプチヒ大学で学位を取得するという公家華族の秀才であった。同年九月に帰国すると、十月から貴族院で公爵議員をつとめた。

世襲で議員資格を有する公侯爵議員には歳費が出なかったが、公爵の旧五摂家には議会開設の前年である明治二十二年に総計約十万円が天皇より下賜されていた。天皇と特別な関係にある旧五摂家が没落しないようにとの配慮に他ならない。ところが下賜金は旧五摂家に限られたため、宮内省では侯爵以下の旧堂上公家にも適当な資金を分配することが調査された。その調査委員に選ばれたのが近衛であり、明治二十五年三月二十七日付で彼は調査委員長宛に「旧堂上華族保護賜金」の管理方法と分配方法について提案している。

近衛の考える管理方法は、下賜金を各家の世襲財産として設定できるように取り計らうべきだが、世襲財産は官報または新聞に掲示する必要があり、これを見た債権者が異議申し立てに詰めかける可能性があるから、まずは負債完済者より世襲財産を設定させるべきだと論じる。ここに出てくる世襲財産とは、明治十九年四月二十八日に公布された世襲財産法のことである。同法で設定された土地や有価証券をはじめ家宝は、華族が借金返済に困っても債権者は差し押さえることができないという、華族の財産保護法であった。財産設定の最低金額は、金禄公債証書の利子五百円以上であったため、ほとんどの公家華族は設定をできないでいた。

そこで下賜金の利子受取により世襲財産の設定を可能にしようとしたが、債権者にとって負債を抱えている状態でそれをされると、借金を帳消しにする棄捐令《きえんれい》を出されたのに匹敵するため、借金のない者から優先的におこなわせることを勧めた。下賜金は宮内省内蔵《くら》寮で管理し、元金はいかなる理由があっても本人の手に渡してはならないという。

配分方法については、下賜金額を百九十九万または二百万とした場合、公侯伯子爵の差別なく平等に分ける甲案、公侯爵はともかく伯子爵間では差異を設けない乙案、爵位に応じて差異を設ける丙案があった。乙案では公侯爵を三万、伯爵を二万、子爵を一万で分けるという案に、近衛は旧摂家五家、旧清華家九家、旧大臣家三家に三万、または二万の割合で分配し、残額を平堂上百二十家で分けてはどうかと提案する。爵位ではなく旧家格を基準とする理由として、維新後に堂上格となった奈良華族が対象とされていないことを挙げている。

実に驚くべきことだが、奈良華族は下賜金の対象とされていなかったのである。その点に近衛は反論していない。「奈良華族は其尤《そのもつと》も貧なるものなれば御救助の第一着及ぶべき筈なれども、そのこれなきは畢竟《ひつきよう》救助の御主旨にあらざる」（『近衛篤麿日記』附属書類）を根拠としながら、岩倉と三条家が下賜金の対象とされていないのは不平等であると論じている。そして先年に下賜金を給与された旧五摂家も対象となっているから、岩倉と三条家も対象とすべきであると論じる。これまで見てきた読者からすれば、もっとも経済的に困窮する奈良華族が対象となっていないほうが不平等だと感じるに違いない。だが、維新前に堂上であったか、なかったかという境界線は、旧堂上に対する下賜金分配の最低条件として譲れなかったといえよう。

近衛は奈良華族が対象となっていないため、下賜金が貧民救済措置ではないというが、これは少々道理のとおらぬ意見であった。それは右の意見につづいて、明治二十五年四月に二条基弘・鷹司熙通・九条道孝とともに、近衛が宮内大臣土方久元に宛てた文書から明らかとなる。そこでの意見を簡潔に述べると、公家華族は経済的に困窮し、華族の体面を保つことはもとより、華族としての義務をはたすことや、子弟の教育も十分にできないと論じる。旧堂上華族は天皇と特別な由緒を持ち、「皇室の藩屏」としても重要な存在であるから、保護資金を下賜して欲しいと要望するものであった。論理の趣旨は、「困窮する公家華族」で先述した杉渓言長の意見と大差は見られない。

そして近衛は、救済資金の対象外となる奈良華族を見捨ててはいなかった。明治二十五年三月の意見書で近衛は、奈良華族たちは旧堂上の末流であり、下賜金の趣旨からすると恩典をこうむる立場ではないが、宗家が恩典を浴した以上は、彼らにもそれを分け与えるのも当然であるという。仮に下賜金を二百万円、五分利子十万円としたとき、初年度の利子は配当せず、これを別に積み立てて奈良華族の保護金としてはどうかと提案する。この手段を取れば、旧堂上への分配金を減らすことなく、恩典を分与することができると述べる。近衛は、奈良華族を別の手段で救うことを考えていたのである。

久世・舟橋・冷泉の願い

明治二十六年十二月、久世通章・舟橋遂賢・冷泉為紀は近衛篤麿宛に「旧堂上華族救助に関する意見書」を送っている。意見書では、〈京都の繁栄にともない物価が騰貴し、二十年前に比べると生活が苦しくなっている〉状況を訴える。〈また昔日のように天上人として俗世間と没交渉というわけにはいかず、その交際費は年々嵩《かさ》む〉という。〈財産が乏しい我々にしても華族の栄爵を有している以上は、それ相当の門構えの邸宅に居住し、義捐金についても他者より多く出す必要がある。所得税など諸税が増加する一方、従来の負債返済に追われて年間収入は減少している〉と説明する。

つづけて久世・舟橋・冷泉は、公家華族ならではの泣き落としに入る。〈このままだと公家華族の財産は消滅してしまう。我々が皇室に対して救助を願い出るのは、大旱に農民が大雨を望み、轍《わだち》の鮒が水を求めるのと同じである〉という。ここでは明言を避けているが、なぜ皇室が公家華族たちを救う立場にあるのかといえば、それは両者間の由緒に起因するとの思いが込められていたに違いない。

久世・舟橋・冷泉が考える「旧堂上華族御救助下賜金」は、「旧堂上華族」に下賜する元資百六十万円を宮内大臣および爵位局長が管理し、十年経過したら「旧堂上華族」の所有として世襲財産によって保管するというものであった。下賜金の年利を四分五厘で計算すると、十年後には二百四十八万円となる。それを侯爵に三万円、伯爵に二万円、子爵に一万七千円で分配する計画を立てている。

このような意見書を久世・舟橋・冷泉が近衛に送ったのは、上京した際に彼が「旧堂上華族保護賜金」の設置に向けて動いていることを知ったからと思われる。少しでも近衛の参考になればとの判断があっただろう。いずれにせよ、久世・舟橋・冷泉が独自に運動するよりも、近衛に救助の依頼を働きかけるほうが得策であったことに疑いはない。

次に触れるように、近衛や久世・舟橋・冷泉の意見と大同小異はあるものの、彼らの要望は「旧堂上華族恵恤《けいじゅつ》金」となって実現する。恵恤金の設置を受けて、明治二十七年三月十七日に京都華族会館分局では御礼参内のための総代選挙がおこなわれ、伯爵からは冷泉、子爵からは舟橋が選ばれた。両者は三月二十日に京都を出発した。京都公家華族には非役有位者が多かったから、恵恤金の設置に感謝しない者はいなかった。天皇に感謝の気持ちを伝える総代に、恵恤金を要望する意見書に連名した冷泉と舟橋が選ばれたのは偶然ではあるまい。

旧堂上華族恵恤金

「旧堂上華族恵恤金」は、明治二十七年三月九日の大婚二十五年記念式典（天皇と皇后の銀婚式）に際して下賜された。そのときの御沙汰書には「旧堂上華族ハ歴世皇室ニ奉仕シ御由緒有之《これある》ニ付、今般特別ノ思召ヲ以テ宮廷費中其保護ニ充ツヘキ資金ヲ備ヘ恵与ノ方法相立ヘキ旨」（『明治天皇紀』八、明治二十七年三月九日条）とある。旧堂上の公家華族たちは歴代の天皇に奉仕し、皇室との由緒があるため、天皇の御手元金から彼らを保護する資金を設置したのだという。

恵恤金の元金は百九十九万であり、宮内省内蔵寮が管理した。元金で購入した公債証書の利子の五分の三を、公侯爵三、伯爵二、子爵一の割合で配当し、五分の二を貯蓄するかたちで利殖を図った。毎年配当は六月と十二月の二度に分けておこなわれ、明治二十七年の配当額は公侯爵一家に四百四十七円、伯爵一家に二百九十八円、子爵家に百四十九円であった。明治三十年度からは配当額が公侯爵一家に四百五十円、伯爵一家に三百円、子爵家に百五十円と統一され、同四十二年度以降は公侯爵一家に九百円、伯爵一家に六百円、子爵家に三百円と倍増されている。

利子の配当は維新以前に堂上であった者に限られ、維新後に堂上格に列せられた奈良華族などの男爵は対象にならなかった。だが、明治三十年十二月には竹園康長《たけぞのみちなか》ら十九名の奈良華族および神官華族の男爵に三千五十円が恵与され、その後も毎年一家に三百円以内の恵与がおこなわれた。この恵与は貴族院議員として歳費を得ている期間を除いて受給対象となった。これは年々恵恤金の貯蓄額が増加したため、その過剰から彼らへの恵与が可能になったのである。

そして明治四十一年十二月の旧堂上華族恵恤金調査委員会では、翌年に恵恤金の設置から十五年を迎えるため、元資を分配するか、さらに年限を設けて管理するかが議論になった。その結果、恵恤金の管理期限が明治四十二年一月一日から十五年延長された。明治四十五年七月九日には「旧堂上華族保護資金令」(皇室令第三号)が公布され、恵恤金を保護資金と改称するとともに、それまで不透明であった保護資金の管理方法が明記された。

この公布にあわせて「男爵華族恵恤金」が設置され、「男爵華族恵恤金恩賜内則」が作成されている。これは奈良華族や神官華族などを対象に、年額三百円を六月と十二月に分けて支給し、年総額の上限を一万二千三百円と定めた。内則による支給は、大正三年(一九一四)一月一日から実施された。これは杉渓言長の要望に加え、恵恤金設置を求める近衛篤麿の言説にあらわれていたことが実現したといえる。彼らの要求から約四半世紀を経過しており、この間に奈良華族二十六家のうち、五家が爵位を返上していた(彼らが爵位返上に至った事件については「社会を騒がす公家華族」で述べる)。

ここに京都公家華族を含む、公家華族たちに対する宮内省の経済援助は一段落したのである。

武家華族たちの不満

武家華族の家禄は、明治二年六月十七日の版籍奉還にともない石高の十分の一と決められた。これにより三万石以下の武家華族の経済力は公家華族と大差がなくなり、明治九年八月の秩禄処分による金禄公債証書額も多額とはいえなかった。それゆえ武家華族のなかには、公家華族を対象とする「旧堂上華族恵恤金」が設置されたことを知ると、なぜ自分たちは対象とならないかと不満を持つ者があらわれた。

京都の有力紙『日出新聞』が報じるところでは、明治二十七年四月十二日に京極高典《きょうごくたかまさ》（旧讃岐《さぬき》多度津藩主家）・新庄直陳《しんじょうなおのぶ》（旧常陸麻生藩主家）・鳥居忠文《とりいただぶみ》（旧下野《しもつけ》壬生藩主家）・板倉勝達《かつみち》（旧三河重原藩主家）・米津政敏《よねきづまさとし》（旧常陸竜ヶ崎藩主家）が九十余名の総代となり、宮内大臣土方久元宛に「旧堂上華族恵恤金」についての質問書を送付している。そこでは、公家と武家では職種に差異はあっても、皇室に奉仕してきた点に変わりはないと論じる。そして天皇から、公家と武家が一致協力して華族の義務を尽すべきとの勅諭を賜っているにもかかわらず、今回の「恵恤金」の対象が公家に限られているのは不公平であるという。

彼らは同じ華族でありながら公家華族のみを対象とするのは不公平であると論じることにより、「恵恤金」の対象を武家華族に広げようとしていたと見るのが自然である。この質問に土方がどのように回答したのかはわからない。だが、武家華族を対象とする「恵恤金」が設置されていない事実に鑑みると、宮内省は単に生活困窮という理由を考慮したのではなかった。生活困窮を救うべき理由としては、皇室への奉仕よりも由緒に重きを置いたと判断される。

その点は近衛らが公家の由緒を強調して「旧堂上華族恵恤金」の設置を求めて実現したのに対し、京極ら武家が奉仕を主張したものの「恵恤金」の設置が実現しなかった差異となっている。

京都公家華族の論客

帝国議会に集まる貴族院議員の多くは、明治政府の要職を長年つとめた勲功により華族に列せられた新華族や、華族ではないものの官僚や地方官としての行政能力を買われ、勅撰議員として選ばれた者であった。開院式を除くと、公爵や侯爵の世襲議員が姿を見せることは少なく、伯爵以下の互選議員の公家華族たちが発議する回数も多くはなかった。そのような状況のため、貴族院の研究においても公家華族の存在感は希薄である。だが、公家華族のなかでも議会での発言をくり返す者がおり、舟橋遂賢はその一人に数えられる。ここでは初期議会のうち、舟橋の発言をいくつか拾って彼の政治家としての姿勢を確認する。

最初の帝国議会が開かれたときの内閣、第一次山県有朋内閣における明治二十四年二月二十日の貴族院では、京都市宇治郡から提案された「郡区分合ノ請願」が議事となった。

そこでは、人口が少ないため他郡との統合が懸念される宇治郡が独立を主張し、隣接する久世郡との統合に反対していた。これに対して松平信正《のぶまさ》（旧丹波亀山藩主家）が反対意見を出すと、舟橋も調査不十分であると留保することを求めた。両者ともに馴染みの深い京都に関する話題であったため、発言が抑えられなかったのかもしれない。

松方正義《まつかたまさよし》内閣では、第二議会解散後の選挙をめぐり各府県で警察と民党が対立し、多くの死者および負傷者が出た。いわゆる選挙大干渉である。この行為を貴族院は黙視しなかった。とくに舟橋が属する三曜会は政府の姿勢を追及した。明治二十五年五月十一日の貴族院では、「選挙干渉ニ関スルノ建議案」に対する賛成者は二条基弘《もとひろ》をはじめ八十七名と多数であったが、議長の蜂須賀茂韶《はちすかもちあき》（旧阿波徳島藩主家）は議事を継続しようとした。そのため議場では「議事結了」を求める声と、それを否定する蜂須賀との間で議論となった。そこで舟橋は「議事結了」の動議を盛んに主張し、この動議には論客として名高い谷干城からも「賛成」との声があがった。

さらに明治二十五年六月一日の「貴族院規則改正ノ件」では、谷の盟友である鳥尾小弥太《とりおこやた》と論戦している。鳥尾の改正点は、貴族院の多数決が正しい結果をもたらすとは限らないとし、多数決の後も賛成者と反対者をそれぞれ一名選んで議論させ、その後に最終決定をおこなうというものであった。舟橋は、鳥尾の説明に対し、もしも賛成者しか出なかった場合は、反対者を議場から追い出すのかと質問している。鳥尾は極論であると否定し、二人引きの人力車のように上手くやることが必要だと比喩表現で答えると、舟橋はそのようなことは規則内容には書かれていないと反論する。ここで舟橋は議論をやめるが、鳥尾の説明には納得のいかない議員が他にも多くいた。

舟橋は鳥尾を個人的に政敵と捉えていたわけではなかった。そのことは第二次伊藤博文内閣における、明治二十六年二月二十五日の議場での発言から明らかとなる。貴族院に前日提出予定であった「狩猟法案委員長報告」が遅れ、その説明に当日議長に選ばれた鳥尾が立つと、近衛篤麿から責任を追及された。さすがの鳥尾も苦しい立場であったが、舟橋は彼を追及するのではなく、提出の遅れは調査を担当した委員会全員にあるのであり、本日議長に選ばれた鳥尾だけに責任を負わせるのは妥当ではないと発言した。これは親しい間柄にある近衛の肩を持つのではなく、前の議会で論戦した鳥尾を恨むのでもない。舟橋の公平無私な立場を示している。

このような事例から、舟橋を貴族院におけるムードメーカーであったなどと、過大評価をするつもりはない。だが、彼の発言で議事終結となり、のちに賛成意見がつづいた事実からは、議事の内容を正確に押さえていたといえる。そのような議員としての能力が評価されてか、舟橋は大正十三年一月二十二日に死去するまで五回連続当選、二十九年の議員生活を送ることとなる。

三曜会の京都公家華族

先述のとおり近衛篤麿は、京都での内国博および紀念祭開催に向けて協賛会会長をつとめ、「旧堂上華族恵恤金」の設置に尽力した。近衛は、京都公家華族たちにとって、岩倉および三条に次ぐ大きな存在感を示していた。

明治二十四年二月二十四日、その近衛の呼びかけで開いていた同志会を、毎週月・水・金曜日に開くため命名された政治会派が三曜会である。

設立時の公家華族には、近衛篤麿・二条基弘・久我《こが》建通《たけみち》・勘解由小路《かでのこうじ》資生《すけより》・久世通章・舟橋遂賢・唐橋在正《からはしありさだ》・五条為栄《ためしげ》・竹内惟忠《たけのうちこれただ》・梅小路定行・杉渓言長・若王子遠文がいた。このうち久世・舟橋・梅小路・杉渓・若王子と、京都公家華族で貴族院議員をつとめる過半数の者が所属しているのがわかる。また久世に各種調査書類を渡した新庄直陳も会員であり、彼との交流は三曜会との繋がりによろう。

三曜会の設立趣旨には「政府ノ政略ト政党ノ方策トヲ問ハズ、苟《いやしく》モ偏見ト認ムベキモノアレバ決シテ之ヲ助ケズ、誠意誠心我皇室ヲ護リ、我憲法ヲ守リ、又以テ忠実ニ国利民福ノ道ヲ講ズベキモノ」とある。藩閥政府や各政党と距離を置き、皇室および憲法を守り、国利民福を模索するという、公平な立場を取ることが表明されている。また「両院相互ニ牽制シテ其平衡ヲ保チ以テ輿論公議ヲ代表スルモノ」（『貴族院と華族』）と、貴族院と衆議院は異なる立場から成り立っていることを踏まえ、その義務を尽すべき心構えが示された。

この趣旨は先述した久世や舟橋の政治活動と符合する。久世が尽力した紀念祭についてはは京都市民という限定がされているため、国利民福というにはやや狭いかもしれない。だが狭義の意味であっても、京都公家華族を含む京都市民の民福を願っていたことに変わりはなく、私利私欲によって政府や政党に癒着するような姿勢は見せなかった。同じく舟橋の議会での発言は、常に政府や政党と距離を置き、ときとして同志である近衛篤麿とも議論をするなど、公平な立場を崩していない。この点は、貴族院に集まる華族たちが、政府と民党のいずれにも属さず、「独立不羈」の姿勢を示していたという指摘（小林和幸『明治立憲政治と貴族院』）とも重なっている。

三曜会に所属する京都公家華族たちは、上京すると近衛を囲んで談合する機会が少なくなかった。明治二十八年三月二十七日に近衛は久世の案内で「伊勢源」という店に行くと、彼を招待した舟橋・梅小路・唐橋・入江為守《ためもり》・竹内・若王子たちが待っていた（『近衛篤麿日記』一、明治二十八年三月二十三日・二十七日条）。そのときの会話内容はわからないが、明治二十九年十月十九日に近衛は梅小路と「京都華族次回撰挙に際する方針等に付談話」をし、十二月二十三日には久世と「議員撰挙の件」（同上、明治二十九年十月十九日、十二月二十三日条）を相談している。

このころには各研究会派の議員獲得運動が活発となり、その運動が問題視されはじめた。十一月九日、近衛は総理大臣松方正義と、「貴族院互撰議員撰挙運動の醜聞益《ますます》甚しきに付、其改善策の事」（同上、明治二十九年十一月九日条）を話しているから、梅小路や久世とは「醜聞」とならないような方策を練ったものと思われる。さらに明治三十年一月六日には久世と近衛は「三曜会員中衝突の為調和致したしとの事」（同上、明治三十年一月六日条）と、同志の分裂を回避する調整を図っている。

会派の組織拡大を図る競合の裏では、自派に取り入れるための政治資金が動いていたようである。これは近衛をはじめ、久世や舟橋の公平性と対照的な運動であることはいうまでもない。そのような動きを抑止し、会内部の動揺を鎮める相談を重ねていたわけだが、彼らの努力は奏功しなかった。明治三十一年五月二十五日、近衛と二条が朝日倶楽部、その後四名が懇話会、子爵議員が研究会に移り、三曜会は同三十二年二月二十日に自然解消を余儀なくされた。

これより後年ではあるが、立憲政友会の原敬《たかし》は「京都公家華族は少々の金銭にて何れにも動き、又出来もせぬ官職（就中《なかんずく》神官の類にて今日は資格なければ任命は出来ず）などを目的に官僚派に投ずる者もありて恃《たの》むに足らず」（『原敬日記』三、明治四十三年四月二十六日条）と、貴族院議員をつとめる京都公家華族を酷評している。

久世や舟橋などは金に目を晦《くら》まされるような存在ではなかったが、その一方で政治資金によって会派を変更する公家華族もいたのであろう。党利党略の荒波のなかで、公平性を堅持する久世や舟橋などの存在よりも、私利私欲に走る公家華族のほうが際立ってしまったことは皮肉というしかない。

社会を騒がす公家華族

不祥事の顕在化

油小路隆方の駆け落ち

油小路《あぶらのこうじ》家は、藤原北家房前《ふささき》の男魚名の後裔で、四条家庶流西大路隆蔭を祖として鎌倉時代に創設された。ここで主役となる油小路隆方は、当主隆《たか》晃《てる》の二男である。京都市上京区荒神口亀屋町一番の油小路家には、若狭《わかさ》国遠敷《おにゆう》郡青井村から礼儀見習いのため、同村農民坪内由太郎の長女なつが侍女奉公に出ていた。十八歳で油小路家に入ったなつは、ぽっちゃりとした色白の体型であり、隆方好みの女性であった。ある日の夕暮れ、なつを自分の部屋へ引き入れた隆方は、彼女に好意があることを打ち明けた。なつも同じ気持ちであったため、このときから一つ屋根の下で愛し合うようになる。仕舞いには給仕のさいにも手を取り合うなど、人目も憚らず体に触れる行為が繰り広げられた。

両者の関係を知った隆晃は隆方を呼び出して説教するが、隆方の思いを抑えることはできず、なつを妻に迎えたいと申し出た。呆れ果てた隆晃は、なつに暇を命じて油小路家から退去させてしまう。明治十六年（一八八三）七月、なつは、愛宕《おたぎ》郡田中村に住む伯父の伊崎清綱に身を寄せるが、彼女の後を追った隆方も伊崎邸に転がり込んだ。その直後、某人の紹介で京都府監獄署の看守、久尾村小学校の助教などをつとめるが、実直な性格の隆晃は油小路家の恥辱であると、飛び出した隆方を許すことはせず、家にも寄せつけなかった。

図26　油小路隆晃

隆方となつが生計に苦しむようになると、足もとを見た伊崎は隆方に隆晃の私印および借用証書を偽造し、油小路邸を質入して多額な資金を借りてはどうかと促した。伊崎の口車に乗せられた隆方は、印判師吉沢正平に隆晃の私印を作製させ、これを所轄戸長に届出る。明治十六年九月二十二日、隆方は貸主の石田庄左衛門を訪れ、偽造した借用証書に私印を押した。これに加えて戸長の公証を求める必要があったため、町総代加藤伴清を訪ねるが、病気の隆晃の代理人と称する隆方では了解できないと断られている。

そこで隆方は隆晃の委任状を偽造し、これを戸長役場に差出すことにより、ようやく公証を得た。こうして偽造が重ねられているとは知らない石田は、二百五十円から内金を差し引いた二百十二円五十銭を隆方に貸し渡したのである。これが犯罪であると隆方が気づかなかったはずはない。恋は盲目というが、隆方にとってはなつがすべてであり、両者の関係を認めてくれない隆晃は、憎むべき存在へと変わっていたと見ても不思議ではない。実際になつとの生活が行き詰まったとき、隆方は父の財産を危険にさらすことに躊躇はしなかったのである。

愛憎の末路

これで事件はおわらなかった。最終的に隆方はとんでもない第二の事件を引き起こしてしまう。明治十六年十月三日、隆方はなつと伊崎清綱、磯田つたという女性を同伴し、大阪まで遊覧に出かけた。具体的にどこを見物したかはわからないが、当日は道頓堀の西鶴で一泊している。翌四日十時に西鶴を出ると、なつとつたは両名で寄りたいところがあるといい出したため、隆方と伊崎は大阪府北区桜橋北詰料理店丸よしで待機することとなった。ほどなくすると、つたが帰ってきて伊崎と密談をした後、彼女は再び店を出て行った。不審に思った隆方はつたの行き先を尋ねると、伊崎は本町本八であると答えた。

それでも詳細はわからず、なつの帰りが遅いため、隆方は伊崎に繰り返し事情を問いただしている。午後三時を回ったところで伊崎が信書を遣わしたため、ようやくつたが帰ってきた。なつの姿が見えないので不安に感じた隆方は、店の外に出てつたを乗せてきた人力車夫に、どこから来たのかを聞き出し、そこまで自分を連れて行くように頼んだ。隆方を乗せた人力車は、大阪府東区北浜一丁目で北川常次郎が営む「築地紙政」という宿屋へと急行した。

隆方が宿屋に入ると、すぐに二階から一人の男性が降りてきた。彼と行き違うように二階へ上がると、隆方の目を疑う光景があらわれた。二つ枕を並べた布団になつが一人寝ていたのである。隆方は不義密通を確信したが、なつを問い詰めることをせず、一緒に帰るように促した。だが、それになつは応ずるどころか、隆方に対して「不埒《ふらち》な辞」をあびせかけている。逆上した隆方は、手拭でなつの首を締め上げ殺してしまう。

実家から勘当同様で飛び出し、父の財産をも抵当に入れてまで尽くしたにもかかわらず、その愛情を裏切られた隆方からすれば、逆上するのも無理からぬことである。ましてやなつの浮気行為を、伊崎はもとより同伴したつたも承知しており、知らないのは隆方だけであった。想像をたくましくすると、大阪遊覧の真の目的はなつと浮気相手の密会であり、伊崎らにとって隆方は金銭的な利用価値しかなかったといえる。

かなわぬ兄弟愛

なつ殺害事件が公になると、最重要容疑者として隆方が浮上した。だが、なつを殺害した当日から、隆方は行方をくらましてしまう。当然実家にも捜索の手はおよんだに違いないが、残念ながら隆晃の心情を知ることはできない。事件発生から五日後の明治十六年十月九日、京都府の上京警察署に年齢十九歳の上品な男性が出頭した。彼は隆方の弟隆次であった。隆次は、兄が厳しい捜索にさらされていると思うと悲しくてならないから、自分を身代わりとして捕縛して欲しいと願い出たのである。対応した警察官は同胞《はらから》の情誼の深さによるものと感心したが、犯罪者の身代わりにすることなどできるはずがなかった。

涙ぐましい弟の申し出を知ったとは思えないが、翌日の十月十日に隆方は上京警察署に自首している。すぐさま同署から大阪府東警察署に連絡され、十一日に受取りに来た警部補とともに隆方は汽車で大阪へと護送された。裁判の公判は翌年まで持ち越され、明治十七年七月十四日に大阪重罪裁判所で開かれている。裁判の公判で隆方は、なつが声を荒げるため彼女の口を塞ぐつもりが、誤って首を絞めてしまったと弁明するも、情状酌量の余地はなかった。この公判に至る過程で私印および借用証書の偽造も明るみとなり、八月十日、隆方は懲役十年の刑を受けることとなった。

控訴院のテーブルかけ

奈良華族の芝亭《しばてい》実忠《さねただ》と愛古《よしふる》は東京に出てきたが、実忠は息子を東京に置き、明治十年代末には大阪府西区新町に寄留していた。芝亭実忠の妻奈加は士族の出身であり、奈加の弟森正教は芝亭と同居していた。明治十九年十一月、その義弟が控訴院《こうそいん》内のテーブルかけ二枚を窃盗したことが発覚する事件が起こった。これには芝亭本人が関与したことでもなく、また大事件でもなかったとはいえ、華族の同居人から窃盗犯が出たことは見逃せなかった。芝亭は「華族懲戒例」により行状監察を申し渡された。このような厳しい処置がくだされた理由は、芝亭自身に前科があったことによる。

図27　芝亭実忠

芝亭は岩倉具視の印類を偽造し、明治十四年上旬に岩倉から山本実政《さねのり》宛の偽手紙を書き、士族田中忠正なるものの旅費を華族会館分局で立替給与するように求めた。当然偽りで立替旅費を騙し取ったのだが、すぐに嘘は発覚する。当時は東京華族であったが京都に護送された。明治十五年十月十八日、京都地方裁判所で私印偽造の罪により重禁固一年、罰金十円、監視七ヵ月の処分を受けた。この処分は「華族懲戒例」制定よりも前におこなわれたため、処分が軽いとの意見が宮内省内で起こり、明治十八年三月九日に実忠は隠居させられている。

芝亭が目をつけられるのも無理はない。それに加えて「四民の上に立つ道程」でも少し触れたが、芝亭が「大日本振義会」という政談演説会の創設に関与し、全国を遊説する「無頼ノ輩」と往来および連絡しているとの嫌疑が持たれたこともマイナス要素であった。その真偽はわからないが、控訴院内のテーブルかけ窃盗事件の処分判断に利用された「芝亭実忠ニ関スル聞込」という調書には、芝亭の生活模様を伝える興味深い記述が含まれている。

そこで芝亭家は「貧窮ニシテ家人挙《こぞ》ツテ罫紙《けいし》摺《すり》、足袋仕立等ノ内職ヲ以テ僅カニ糊口セルカ如キ有様」(「審議会録」明治二十年)だという。芝亭は、和紙へ罫紙を刷り込む作業と、足袋を縫い合せることで生活費を得ていたのである。奈良華族の生活は、生活難に追い詰められた貧民のようであり、風流で優雅な公家華族の印象とはかけ離れていたのがあらためて理解できる。控訴院内のテーブルかけがどれほど立派なものであったかは判然としないが、それを芝亭の妻の弟が窃取した心情には、右のような極貧生活を送っていたこととと無関係ではないと思われる。

山科家の不祥事

京都市上京区丸太町川端東入裏丸太町九十八番に邸宅を構える山科言《とき》縄《なお》の息子言綏《ときまさ》は、明治二十四年九月二十四日、京都府平民の佐橋豊三郎から約束手形金請求の訴訟を起こされた。その結果、言綏は強制執行処分となったが、負債残額六十六円八十一銭五厘の返済能力がないため、家資分散宣告（破産宣告のこと）を受けた。

だが、金銭問題はこれでおわらなかった。言綏は若江文雄という人物から金屏風一双を借りたまま返さず、屏風の持ち主である若江から訴えられた。明治二十五年十月十九日、中立売警察署は言綏を拘引して京都地方裁判所検事局に送り、翌二十日には借用物費消事件として未決監へ送られた。

この事件は某検事が火消し役として活躍したことに加え、また山科家の宗親族の協力もあり、若江に賠償金六十円を支払うことで示談が成立し、言綏は犯罪者にならずに済んだ。十月二十八日に言綏は山科家に帰宅するが、当日開かれた宗親族会議の結果、彼を廃嫡にする処分がくだされた。この廃嫡処分を決定したのは、当主の山科言縄をはじめ、宗族の油小路隆晃・河辺隆次・親族の飛鳥井《あすかい》雅望《まさもち》・梅園実紀《うめぞのさねこと》である。油小路家については既述したが、このとき処分をくだした他の宗親族たちも、後述するように山科を咎め立てる立場にあったとはいえない。

その一方で明治二十五年十一月に山科父子は、京都河原町の森田徳五郎の委託金を使い込み、再び告訴されている。山科家の家計は困窮から抜け出せなかった。東京に上京した久世通章が、宮内省に山科家の旧記買取を願い出るなど、山科家の救済に尽力したことは先述した。その背景には言綏が廃嫡になる原因となった金銭問題や、父子ともに訴えられた委託金費消を解決する意図が含まれていたのである。

山科言綏の廃嫡願いは、明治二十五年十二月五日に久世を介して宮内大臣土方久元宛に提出された。廃嫡願いには、言綏は「先年来品行不宜《よろしからず》為ニ過分ノ負債ヲ生シ教戒相加《あいくわえ》居候得共《おりそうらえども》、懦弱ニシテ其效無之遂ニ先般刑事上ノ嫌疑ヲ受ケ候次第、到底家督相続無覚《おぼつか》束《なし》」（「華族諸願録」明治二十五年）と記されている。つまり〈品行が修まらず負債を起こし、教戒を加えても効果はなく、刑事事件の嫌疑を受ける事態となり、山科家を相続することは難しい〉という。この願書は十二月七日に聞き入れられ、言綏は廃嫡となった。

墜ちていく河辺隆次

先に実兄油小路隆方の罪をかぶろうとした河辺隆次の生活も楽ではなかった。彼は家資分散宣告を受け、明治二十九年十一月二十八日に華族礼遇停止となった。これより前の九月四日に河辺は、薬師寺の住職で華族の六条真照を訪れ、宗族である八条隆正《たかまさ》の養祖母八条田鶴《たづ》子から八条家の家政整理を依頼されており、それに必要となる四百円を得るため「連帯負債者」となって欲しいと頼んでいた。

その際に百円ずつ分けるから四通の公正証書が必要だと欺き、それに署名捺印させた書類を得る。その後、彼の親戚である谷口文次郎が債権者と偽り、右の書類に八条および六条が二千五百円を借りているという文書を作成する。

六条を陥れることに八条は承知ずみであり、彼女の家政整理というのも詐欺取財の目的にすぎない。そうとは知らない六条は、後日代理人二名を介して半額の千二百五十円を谷口に渡した。それを谷口は河辺と八条とで分配している。このうち四百十円は、河辺の依頼に応じて油小路隆方が預かった。油小路は河辺の実兄で妻を絞殺した罪により懲役十年を受けたことは先述した。油小路はかつて自身をかばってくれた恩返しなのか、詐欺取財と知りながら手を貸してしまう。

このような計画がばれずに済むはずがない。明治三十年一月二十九日、六条に告訴された彼らは京都地方裁判所で詐欺取財の罪により、河辺は重禁固二年、罰金二十円、監視十ヵ月、八条は重禁固四ヵ月、罰金五円、監視六ヵ月、油小路は重禁固六ヵ月、罰金八円

図28　河辺隆次

の処分がくだされた。華族礼遇停止中の河辺は、明治三十年三月三十一日に爵位返上を命じられた。河辺の行状からは、奈良華族の墜ちていくさまが見て取れる。ちなみに八条は控訴の申し立てをし、その結果報告がなされなかったため、彼女に華族礼遇の禁止処分がくだるのは、明治三十七年十二月十三日であった。

逐電する竹園康長

奈良華族の事件で最後に取り上げるのは竹園康長《たけぞのみちなか》である。彼の先代は「困窮する公家華族」で春日神社に奉仕した藤原氏の奈良華族たちは他家と比べて旧家禄高が低いと指摘した竹園用長である。明治十二年六月十二日に用長が死去すると、八月五日に康長が竹園家を継いだが、彼の品行の悪さは河辺とは比べものにならなかった。竹園は遊蕩に耽り素行が修まらず、明治二十六年十一月には在学していた学習院から「品行不良」という理由により退学を命じられた。明治二十八年からは現在の早稲田大学である東京専門学校に再入学するが、内藤新宿の新美濃楼や藤岡楼などの遊郭への出入を繰り返した。明治三十年三月には神楽坂の芸者屋分松葉の芸者と馴染みになり、同年五月まで自宅に帰らず、その後も七月まで同所に通い詰めた。そして八月からは家出をし、日本橋葭町の芸者と馴染みとなり、彼女を連れて向島の富士野屋という茶屋に身を寄せ、十二月まで戻らなかった。

この間に使い果した負債金額は約五千円に登り、さらに芸者には私生児を産ませている。

竹園の後見人である甘露寺義長《かんろじよしなが》、宗族の堤功長《つつみいさなが》および中川興長《なかがわおきなが》から厳重注意を受け、今後は改心することを約束させた上で負債額を全額返済した。その後、竹園は東京府牛込区大久保町に一家を構え、妾と私生児とともに静かに生活していた。毎月の生活費は堤が援助し、甘露寺と中川が家政監督にあたった。ところが、生来の身持ちの悪さはそう簡単には直らない。堤ら三者の諫言にも耳を貸さず、悪友の勧めに応じて高利貸から借金し、再び遊興を繰り返すようになる。

堤のもとには借金返済の催促にくる高利貸が後を絶たず、甘露寺と中川と相談した末、従来管理してきた竹園家の第十五国立銀行株および有価証券を、竹園に引渡すことを決断する。堤らが竹園家の財産を管理してきたのは、それを竹園に渡せば数年もせずに浪費してしまうのを恐れたからだ。この危惧は的中し、借金返済にあてたため竹園は無一文となり、明治三十二年には宮内省からの救助金で生活するようになっている。大久保町での生活も困難となり、浅草吉野町にある毘沙門堂の門番所の高橋金次郎を頼り、食事を提供してもらう代わりに妾が墓地の掃除などの手伝いに出た。

そのようなときに竹園は徴兵令の規程にしたがって陸軍に入隊し、騎兵第一連隊第一中隊に配属されるが、彼の任務は前線で戦う騎兵ではなく、後方で傷病兵を手当てする看護手であった。職務に嫌気がさした竹園は兵舎から逃亡し、毘沙門堂の門番所に戻って数日間潜伏したが、これを憲兵が発見して勾留された。陸軍刑法には「軍人擅《ほしいまま》ニ職役若《もし》クハ屯営本隊ヲ離レ六日ヲ過クル者ハ逃亡ト為シ、二月以上一年以下ノ重禁錮ニ処シ」（第百十七条）とあり、本営から離れて六日以上経過した場合は逃亡と見なし、二ヵ月以上一年以下の重禁固に処すという。明治三十二年七月十一日の軍法会議が彼にくだした処分は、重禁固二ヵ月二十日であった。

遊興を繰り返して家政を傾け、親族たちに迷惑をかけてきたことからすると軽い処罰のようにも見える。だが陸軍刑法が対象にしているのは、あくまで彼の逃亡という罪に対してであるから、妥当といえるのではないか。この罪により竹園は爵位返上が命じられ、明治三十二年八月十四日に男爵の爵位を喪失した。

骨肉の争い梅園事件

色香に迷う梅園実師

女性と金銭問題で骨肉の争いを展開する梅園家は、閑院家の西園寺流で橋本家の庶流として江戸時代初期に分立した家である。明治四年正月十一日に死去した梅園実好《さねすみ》には、実紀《さねこと》・実静《さねしず》・実受《さねしげ》という子がいた。実紀は梅園家を継ぎ、実受は嗣子のいない中園実知《さねとき》の後を継承した。その後実静は実紀の継養子となるが、彼は不祥事を起こして明治二十三年五月二十一日に廃嫡を余儀なくされる。そこで梅園家の継承は実紀の子である実師《さねもろ》に託されることとなる。

実静が継養子の手続きを踏んでいる関係から、実師を彼の長男と記載する史料も存在する。それゆえ史料上では実紀と実師を祖父と孫の関係として捉えているが、実際に両者は父と子にあたる。明治三十年を基準とした場合、文政十年（一八二七）生まれの実紀は七十歳と高齢、文久元年（一八六一）生まれの実師は三十六歳と男盛りであった。
年の離れた両者が争う素因は、実師の遊郭通いに求められる。彼が遊郭にはじめて足を踏み入れたのは、時期は不明であるが橋本実頴《さねひで》・穂波経度《つねのり》・慈光寺恭仲の付き合いで同行したときであった。公家も人の子、若い女性は嫌いでなかったようである。その後も単独で行くことはなかったが、実師が陰鬱としているのを察した実紀が気分転換と心の保養を図るため、遊郭に三度にわたって誘ったことから、実師の好色魂に火をつけてしまう。それ以降は頻繁に一人で通うようになる。

遊郭通いによる出費は嵩み、実師は、明治二十八年二月に能川登から三百五十円、七月に西環から百円、十二月に望月允武から千円を借りた。また十二月三十日には実紀および中園実受の委任状と、連帯債務の公債証書を作成し、黒川七郎兵衛から二百円を借りた。これでも足りず、翌二十九年三月二十八日には実紀の委任状と公債証書を作り、大杉庄兵衛から千八百円を借りている。返済できる額ではなく、明治二十九年三月には先祖伝来の邸宅を二千八百五十円で売却し、梅園家は借家住まいを余儀なくされる。それゆえ梅園家は、京都府上京区宮坂町六番から同府愛宕郡下鴨村六番に転居している。

図29　梅園実紀

図30　梅園実静

図31　梅園実師

図32　中園実受

梅園実紀の好色放蕩

梅園実師の女性好きは父親譲りであった。明治二十五年一月に妻芳子と死別した実紀は、寂しさを紛らわすため小間使で十九歳の菊尾に手をつけた。菊尾を梅園家に雇い入れたのは、実師の妻栄子の生母である下河辺タカの斡旋による。タカは実紀の身の回りの世話を思っての配慮であったが、これがかえって仇となってしまう。実紀が菊尾のために費やした金額は数千円におよんだ。実師と親族らは菊尾の放逐を図り、菊尾が某華族と密通していることを取り上げた。この防御策として菊尾は、実師と栄子が実紀の毒殺を計画していたと流言するも失敗し、梅園家を追われることとなる。

菊尾が暇乞いをして去ると、これをよいことに実紀は柴田信を妾に雇い入れた。だが、信には情夫がついていた。信は実紀を籠絡しては金銭をむさぼり、得た金を情夫へと送りつづけた。信には強盗罪で入監している妹がおり、彼女自身も強盗の嫌疑で警察の取り調べを受けた経験を持つ。倉橋家をはじめ親族一同が信を退去させるべき運動を展開し、実紀も信の解雇を認めざるを得なくなる。第十五国立銀行の五十一株を世襲財産としていたため、配当金を失っただけで済んだが、実紀の女性に対する度重なる資金消費は、梅園家の家政を混乱させた。

柴田信が情夫を追って梅園家を去った後にあらわれたのが浦野芳枝である。浦野は義妹の永野満枝を呼び入れ、彼女を実紀の妾にさせた。浦野は永野と共謀して実紀を操り、家政を掌握することを企む。ところが、梅園家を乗っ取ろうとする大胆な計略を恐れた永野はすぐに去ってしまう。そこで浦野は自ら実紀に気に入られるような行動を取りつづけ、計画どおり彼の寵愛を受けることに成功した。

浦野に好意を持った実紀は、彼女に梅園家の家政整理を依頼する。だが、明治二十九年から三十一年に浦野がおこなった財政整理の成果は、梅園家が所有する金禄公債諸書額を五千百円から三千円へと費消させるものであった。そうとも知らない実紀は浦野を同伴し、明治三十一年七月二十日から彼の娘で北海道松前郡に住む伊達翁記の妻紀子の病気見舞いを兼ねて北海道旅行をするが、旅費に総額八百五十円という巨額を費やしている。のちにこの半額は浦野が着服したことが判明する。浦野が梅園家の家政に関与しはじめると、従来の負債整理をおこなうどころか、六百円の負債が増加するという結果をもたらしたのである。

対立を深める父と子

明治三十一年十月二十日、下河辺タカから梅園栄子宛に届いた手紙には、三日前より体調を崩しているため、相談をしたいこともあるので見舞いに来て欲しいと書かれていた。これを見た実師は、実紀に栄子を実家の倉橋家に遣わすことを願い出るが、実紀は生母が病気に侵されているからやめたほうがよいと

図33　大宮以季

認めなかった。実師は食い下がらず、倉橋泰昌《やすまさ》が東京に遊学中で倉橋家に人はなく、また泰昌から出発に際して同家の大事を託されており、病状の重い生母の介護を栄子にさせてもらえないかと要望する。

　それでも実紀は栄子を倉橋家に戻すことを許可しなかった。なぜそこまで実紀は拒絶するのだろうか。当然、栄子が倉橋家に戻られては都合の悪い事情が存在したに違いない。またタカの手紙にある看病だけではなく、相談したいことというのも引っかかる。その実状を明らかにする史料は残されていないが、梅園家が多額な負債を抱えた際に倉橋家が妾の解雇運動をおこなった経緯から鑑みると、実紀は浦野を排除する運動が起こるのを恐れたものと推察される。

　実紀の反対に解せない実師は、独断で栄子を倉橋家へ帰してしまう。そして実師は養父実静が住む宇治郡南小栗栖村を訪れた。廃嫡となった実静は、京都市内からはずれた同村で隠遁していた。久しぶりの親子の対話には、梅園家の家計状況や浦野の話題があがったようである。実静邸で実師は諫言書をしたため、それを宗族の大宮以季《もちすえ》から実紀に差し出してもらう計画を立てた。ところが、実紀に遠慮する大宮からは実師の依頼を断られている。

そこで実師は実紀の反省を促すため、自ら諫言書を送付した。親展厳封の封書を目にした浦野は、自身のことが悪く書かれているのではないかと怪しみ、実紀が書面に目を通す際に大芝居を演じている。浦野は梅園家に尽しているにもかかわらず、そのような罵詈雑言を受けるとは思ってもいなかったと、涙を流しながら自身が潔白であることを主張したのである。浦野に下心がないとはいえないが、彼女に心酔する実紀には魔女も聖女にしか映らない。実紀にとって、自身の反対を押し切って栄子を倉橋家に帰し、浦野を魔女のごとくいい立てる実師は、面白くない存在となっていた。

恐ろしき陰謀

梅園実師は、明治三十一年十月二十四日に小栗栖村から京都府上京区間之通竹屋町上る大津町九番の倉橋家に戻っていた。そこに三十一日、中園実受・伏原常磨・浦野の三者が来訪し、明日午後二時に山本実庸《さねもち》邸において相談すべき件があるから来るように伝えた。実師は承諾したが、翌日の十一月一日になると体調が優れず、山本邸に出向くのを断念した。実師が倉橋邸で寝ていると、実紀と浦野がやって来て、重要な話があるからすぐに割烹店「きのへ」に同伴せよと強迫された。

図34　山本実庸

図35　玉松真幸

気分が悪いなか引きずり出された実師であったが、「きのへ」では地獄のような仕返しが待っていた。同店には玉松真幸《たままつまさき》も来ており、実師が到着するとすぐに浦野は実紀宛の諫言書を朗読しはじめた。そして実師の行為は無礼であり、実紀を侮辱するものであると叱咤されている。実師は内心で憤慨に堪えなかったが、同席の中園と玉松は一言も発せず、自身の味方がいないのを察して反論を諦める。

　同席者から反論が出ないのをよいことに実紀は、実師に詫状二通を指示どおりに書かせ、さらに栄子と離縁するように命じた。さすがに驚いた実師は離縁を命じる理由を問いただすが、実紀はしばらく猶予を与えるとしか答えない。孤立無援で追い詰められた実師は、心にもない栄子との離縁に対する請書を実紀に渡してしまう。

すべては浦野の策略に踊らされた実紀が、玉松や中園に根回しをした結果であった。この日に実師は、倉橋家には戻らず実紀邸に帰ったが、翌日の十一月二日に浦野から驚くべき陰謀を聞かされることとなる。栄子と離縁させる目的は、実師の後妻に山本および玉松が自身の娘を嫁がせることを切望しているからだという。これで前日の集会が山本邸で開催を予定していたことや、場所が割烹店に移ってからあらわれた玉松が状況を黙認した理由がわかるだろう。

話はつづき、先の北海道旅行の目的は、伊達紀子の病気慰撫ではなく、栄子と離縁させるためだったと語る。本来は実師を伊達家に預け置き、実紀と浦野の両名が帰り、孤立した栄子に離縁を迫るという筋書きであった。だが、実師が病気で旅行に同行できなくなったため、計画を断念したという。その後、浦野は疾風強雨の日といえども、河原町通り二条下るにある「菊ノ明神祠」に日参し、実師の離縁を願っていると喜色満面で語った。栄子との離縁を承認したと思った浦野は、気分をよくして実師に陰謀の全容を聞かせたのである。恐ろしい計画を知った実師は浦野の追放を強く願う。

図36　萩原員光

妻を守る実師と妾をかばう実紀

実師は、実紀から中園を同伴して倉橋泰昌の祖父泰顕《やすてる》のところへ行くように命じられる。いわれるがまま倉橋邸へと向かうと、中園から泰顕に栄子と実師の離縁について説明された。これにつけ加えて実師は、栄子との離縁は自分の意志によるものではなく、他者から強要されたからであると語った。そして自分が栄子に会うまでは、彼女に離縁の件をいわないでもらいたいと頼んでいる。

倉橋邸を出ると、その足で京都市上京区吉田町百三十六番に住む萩原員光《かずみつ》のところを訪れた。萩原は栄子と実師の婚儀に際して媒酌人をつとめた。これも中園の指示に実師がしたがっているところからすると、事前に実紀から根回しされていたと判断される。だが、媒酌人だけあって萩原の対応は、梅園一件に登場した公家華族たちとは違っていた。萩原は「此事タルヤ又容易ニ諾スル能《あた》ハズ、猶ホ栄子氏其人ノ意志ヲモ問ハザルヘカラス」（「審議会録」明治三十三年、追加の部一）と、栄子の気持ちも聞かないで簡単に決めることなどできないと反論したのである。さすがの中園も返す言葉がなかった。

これまで本心に反しながらも実紀らの離縁話に追従してきた実師も遂に決意する。十一月六日に実師は栄子のいる倉橋邸へ向うと、萩原が来訪していた。実師は栄子から離縁の意志のないことを確認すると、萩原にこれまでの経緯を語り、すべて中園と浦野が共謀して進めたことを説明した。この離婚話が妥当ではないとあらためて感じた実師は、梅園邸に戻って実紀や浦野と対決する。実師は栄子が離婚に承服しない事実をあげ、依然として妻であることを主張すると、もの凄い権幕で浦野がそれならば梅園家の出入はしないと激怒した。浦野に去られては困ると感じた実紀は、こともあろうにその場で実師に廃嫡を命じている。実紀は子よりも妾同様の浦野が大事であった。

敵ばかりの宗族会議

大議論の末、午後八時過ぎに梅園邸を出た実師は倉橋邸に一泊し、翌日には実静の小栗村を訪れている。これより前に実紀から廃嫡承認の連印を求められた実静は、致しかたないと諦めて調印し、中園に送っていた。中園は実紀の代理で宗族から連印を集めているが、萩原からはよく事情を把握してからでないと調印はできないと断られた。そして十二月四日、中園が倉橋邸に戻っていた実師を訪ね、実紀が面談したいことがあるので同行するように求めると、実師は割烹店で強迫された二の舞になると感じて拒絶している。

すると翌日の十二月五日には、実紀と中園が廃嫡の御請書を持参し、実師に調印を迫った。これを受けた実師は萩原に相談を求めるため、両者を倉橋邸に残して萩原家へと向った。そして倉橋邸に戻るが、両者は待ちきれずに帰っていた。この後に実紀は、警察署に実師の捜索保護願いを出したようである。行方がわかっているのに捜索保護願いを出したのは、実師を廃嫡に追い込むのに彼が倉橋家にいては都合が悪かったからに他ならない。したがって十二月六日、倉橋邸に巡査が訪れ面会を求めてきたが、実師は外出中のため面会は実現しなかった。

このように回りくどい手段をしてまで実師を廃嫡にしようとしたのには、浦野が実紀を焚きつけていたからである。浦野には息子直穏がいたが、彼女は梅園家の跡取りにしようと考えはじめた。お家を乗っ取り、財産を一手におさめるには、梅園家に実師がいては困る。浦野を信頼する実紀は、恐ろしき陰謀には気がつかず、自らの意思として実師の廃嫡を申し出る。また中園も浦野の真意を知らず、彼の息子繁若を梅園家の嗣子とするため、廃嫡運動に協力したのである。梅園家には山本・玉松・中園・大宮の宗族が集まり、実師の廃嫡手段について相談が重ねられ、その席には浦野も加わっている。

また実紀は宗族らに実師が家出をして改心の見込みがないから、会議を開いて廃嫡に関する協議をおこないたいと手紙で伝えた。これには京都だけではなく東京在住の宗族である西園寺公望などを含む十五名がいたが、いずれも異存はないとの回答であった。実師は圧倒的に不利な立場に置かれていた。

実師は廃嫡させられることを不本意に感じ、山本家と大宮家を訪れて自身の罪状理由を訪ねた。ところが両者は理由を言明せず、近く宗族会議が開かれるから、そこで明らかになるだろうとしかいわなかった。明治三十二年六月二十日、宗族会議が開かれたが、病気のため倉橋泰顕は欠席し、実師も不運にも病魔に犯され出席が危ぶまれる状態であった。そうはいっても自身の明暗にかかわるため、実師は病身をおして会議に臨んだが、開始時刻より一時間遅刻した。だが、実師が玄関に入ると、山本からすでに今日の会議は終了し、意見の余地はないと告げられた。

これを聞かされた実師は、重要な議題を少ない時間で簡単に取り決めるのかと不満に思うが、そのつもりで会議は進められたのだから、遅刻を悔やんでも後の祭りであった。実師が到着するまでの席上で山本は驚くべき発言をしている。彼は「梅園実紀ノ挙示シタル行為ノ悉《ことごと》ク事実ナルト否トニ拘ラズ、其法定ノ推定家督相続人廃除ヲ裁判所ニ申立ルハ充分ノ事由アル」（「審議会録」明治三十三年、追加の部一）と、実紀の発言の真意はともかく、実師を相続人から排除すべき手続きを裁判所にする理があるというのだ。山本の意見に大宮も同意しており、異議を唱える者はなかった。かつて岩倉具視が同族を保護するために活用された宗親族の会議は、ときとして恐ろしい陰謀会議の場となったのである。

訴えられる実師

宗族会議の結果、明治三十二年六月二十九日、実紀は実師を相続人から排除する裁判を起こす。訴訟理由は、①実師が妻の生母と不義密通の間柄であること、②実印を盗んで多額な借用証に証明捺印し、その返済に困り先祖伝来の土地建物を売却したこと、③住所の他に無断で転居をくり返したこと、④妻との離婚および廃嫡の件について実師のいい分が事実と異なることであった。

これに対して実師は告訴の取り下げを要求し、また実紀の告訴理由が不当であることを回答した。①については事実無根であり、②は実紀が購入した土地でそれを自身で売却したにすぎず、③は実紀に告げずして勝手な場所に住んだことはない、④本件は本人の意思ではなく、浦野の策略によるものであるという。

この裁判は実紀にとって両刃の剣という側面が多分にあった。原告の棄却を求める実師の口頭弁論では、実紀の女性遍歴の事実、その末に浦野の誘惑に陥り裁判に至ったことが語られた。また関係者の証言に加え、証拠物件としての書類が提出され、これまでに述べてきた流れが明るみとなった。

結局、明治三十二年十二月二十二日に検事正が司法大臣に宛てた「事実捜査ノ結果」では、これまで述べてきた事実が確認されるとともに「原被両造(告カ)ノ主張スル所　各《おのおの》　多少ノ根拠ナキニアラス、輙《たやす》ク真偽ヲ断定スルコト能《あた》ハサルモ、原告カ淫佚《いんいつ》ニシテ屢《しばしば》婦人ニ惑溺《わくでき》シ、頗《すこぶ》ル中冓《ちゅうこう》ノ紛乱センコトハ掩《おお》フベカラザル事実ナルモノ、如シ」、「公衆ニ欽仰セラルベキ華族ノ身分ヲ顧ミス、血族互ニ相食《あいは》ムカ如キ失態ノ暴露セシモノ」(「審議会録」明治三十三年、追加の部一)であると結論づけている。

つまり、〈実紀と実師の主張するところの真偽を明確にすることは困難だが、両者ともに女色に溺れて家政を混乱させたことは事実である。国民から仰ぎ見られている華族の立場を顧みず、そのような行為におよび血族が相争う失態を暴露した〉という。これが華族の体面を傷つける罪に相当するのはいうまでもない。

梅園事件の結末

原告と被告のいずれの意見が絶対的であるかはともかく、華族の体面を傷つけた事実に変わりはない。それゆえ明治三十三年三月七日、梅園実紀・実師・栄子に華族礼遇停止の処分がくだされた。その後の実師と栄子は倉橋邸の四畳半で暮らし、他人ともほとんど面会しなかった。一方の実紀には浦野が頻繁に通う状況がつづいた。親子ともに家政の回復は容易ではなく、実紀が栄子の離縁を望み、実師が浦野との同居を拒絶したため、関係の修復も図れなかった。

ところが、実紀が吐血したことで事態は大きく変る。彼が病死した場合、礼遇停止とはいえ家督を継承するのは実師となる。そこで実紀に見切りをつけた浦野は、実師に栄子と離婚さえすれば家政の回復に尽力すると甘い言葉で近寄る。この口車に実師が乗ったため、栄子との離婚調停には浦野の知人である予備陸軍少佐荒木重雄が担当する。明治三十四年七月二十日に相国寺普光院で開かれた宗族会議により、梅園家の家政も荒木がつとめることとなる。栄子の実家である倉橋家と梅園家の間では、手切れ金額をめぐって交渉が難航したが、十一月三日の宗族会議により三百五十円と決まり、両者の離婚は成立した。

その後、従来家政を握っていた浦野は梅園家から出て別居し、もとのように実紀と実師の親子関係は修復した。だが、浦野が梅園家を訪れることはなくならず、荒木の背後で依然として家政整理の実権を握っていた。この点は、宮内省の命を受けて梅園家の動向を調査した主殿《とのも》寮出張所でも気にかけたが、浦野を排除することは彼女の反抗心を生み、かえって梅園家を危機にさらす恐れがあった。そのような不安は残されたが、梅園家から事件再発の気配は薄くなる。そして明治三十五年二月二十日、梅園実紀および実師は礼遇停止を解除された。解除の判断をくだした宮内省の見込みどおり、梅園事件が再び起こることはなかった。

妾は不可欠な存在

梅園家の愛憎劇からは、妾同様である浦野の存在が際立っているのが見て取れる。本書の読者からは、妾さえいなければ問題にはならなかったのにという、妾を敵視する声が聞こえてきそうである。現代人の感覚からすれば、本妻以外の女性と肉体関係を持つことや、そのような女性を妾として家に置くことなど、許されるものではない。だが、江戸時代から公家や諸侯の場合、妾は家名を永続させるため重要な存在として認められていた。

家を保つには嗣子がいなければならないが、本妻との間に必ずしも子供を授かるとは限らない。たとえ子宝に恵まれたとしても、女子ばかりであれば、他家から養子を迎えるか、自身の兄弟に家督を譲らなくては絶家となってしまう。現代人の感覚とは異なり、また当時の一般庶民とも違い、公家や諸侯にとってなによりも大切なのは家を保つことであった。それは明治時代に華族となってからも変わらなかった。したがって、妾のいる華族は少なからずおり、系図上では本妻の名前しか明記されていないが、華族当主の子女が本妻との間に生まれているとは限らないのである。

それでは社会的に妾の存在を認めない風潮が生まれる契機とはなにであったのかというと、明治十五年に妾の一字を削除した刑法が施行され、明治三十一年の改正戸籍法により妾の肩書きが戸籍から抹消されるなど、法律上で妾の存在が認められなくなったことによる。また西洋医術による医療の近代化にともない、子供の死亡率が低下した。つまり、江戸時代のように多くの子供を生む必要がなくなったのである。法律上の理屈と、子供の生存率上昇という物理的な理由から、妾の存在は否定されるようになる（森岡清美『華族社会の「家」戦略』)。

梅園家の問題は、まさに妾の存在が不必要になる過渡期に起きた。これより時代が下がるにつれ、妾に対する風当たりは強くなり、華族の女性問題に関する世間の目も厳しくなる。

増加する不祥事

京都公家華族の不祥事

これまで見てきたとおり、明治二十年代に入ると京都公家華族の事件が目立ちはじめる。史料の制約もあって事件の詳細な内容が判然としないため、本書で取り上げない京都公家華族の事件を時系列にそってあげると次のようになる（対象者名、処分年月日、処分内容、処分理由、処分経過）。

①七条信義、明治二十七年八月七日、礼遇停止、身代限処分・家資分散宣告、明治四十一年四月二十日、礼遇不享

②松崎万長、明治二十七年八月七日、礼遇停止、家資分散宣告、明治二十九年十月二十二日、爵位喪失

③西大路隆修、明治二十七年八月二十四日、礼遇停止、家資分散宣告、明治二十八年八

月十八日、死亡、襲爵者未定
④松林為美、明治二十九年六月十九日、礼遇停止、私書偽造、明治二十九年十二月二十一日、爵位喪失
⑤中院通規、明治二十九年七月十七日、礼遇停止、家資分散宣告、明治三十九年二月九日、解除
⑥高野宗順、明治四十五年二月十六日、礼遇不享、詐欺被告事件、大正元年十二月十六日、刑確定
⑦難波宗美、大正四年五月二十一日、礼遇不享、家資分散宣告、大正十四年十一月十一日死亡
⑧小倉公宗、昭和九年三月十九日、訓戒、共産党に関係し起訴猶予となり華族の体面に関する失行

事件原因のほとんどが「家資分散宣告」という借金問題や、それを解決するために起こした「私書偽造」や「詐欺」であった。奈良華族の松林と男爵の松崎が爵位喪失となったのは、宮内省が事件解決後も家政を維持できないと判断したからに他ならない。明治二十三年十月に帝国議会が開かれると、華族は制度的に貴族院議員としての権利が保障された。だが、必ずしも議員になって歳費を得られたわけではないから、選挙の当否は公家華族の

経済的な明暗を分ける結果であったといえる。

明治二十年代から京都公家華族の事件が増加したのは、武家華族や新華族との経済格差に加え、東京とは異なり貴族院議員から漏れた場合に就職可能な官職が十分でなかったことなどの歪みが顕在化したと考えられる。そうした矛盾を埋める方策ともいえる明治二十七年三月の「旧堂上華族恵恤金」がなければ、右のような事件の数はもっと増加したに違いない。

飛鳥井家と穂波家の戸籍法違犯

勧修寺家支流の穂波家は、蔵米三十石三人扶持という旧堂上のなかでも家禄の低い家柄であった。穂波経度《つねのり》は、戊辰戦争の際に新政府軍の錦旗奉行、大総督府参謀などをつとめた功績から、明治二年には賞典禄百石を賜った。明治九年六月の隠居後も元老院議官に任命され、名誉職である錦鶏間《きんけいのま》祗候《しこう》の待遇を受けるなど、それなりに活躍していた。彼の隠居と同時に穂波家の家督を継いだのは経藤《つねふじ》である。経藤は、「旧堂上華族恵恤金」の配当金を得ていたが、それでも生活は楽にならなかったようで家資分散宣告を受け、明治二十九年十月三十一日に華族礼遇停止処分となった。翌三十年六月七日には、負債償却が認められ解除されている。

穂波家とのかかわりで事件に巻き込まれる飛鳥井家の戸主雅望《まさもち》には、雅広《まさひろ》と雅忠という跡取りがいた。だが、両者の素行はよくなかった。雅広は十七歳のときに林という私塾に

図37　飛鳥井雅望

図38　穂波経度

図39　穂波経藤

通学したが、遊惰にして学習意欲に欠けていた。その後も定職には就かず、明治三十三年十月には三百円の負債を抱えている。そのような雅広に接近したのが、これまた資金繰りに困惑する岩田万次郎という人物である。両者は、田畑の売却を希望する奥村権右衛門に売買契約書を作成させると、その文字を修正して土地だけを手に入れる工作を図った。さすがに奥村も詐欺だと気づき、両者は京都地方裁判所に詐欺取財で告訴されてしまう。

事件はこれだけではなく、雅広は沢源吉および後藤吉之助という者に、自分の名義を売り渡す。沢と後藤は、彼の名義を利用して恐喝取財の行為におよんだ。雅広は、この恐喝取財としても告訴されている。その結果、拘留された雅広は、明治三十五年十二月六日の華族礼遇停止を経て、翌三十六年二月二十四日には家督相続人廃除の措置が取られた。戸主の飛鳥井雅望にとっては苦渋の決断であっただろうが、危険分子を取り除くことで飛鳥井家は安泰するかに見えた。だが、これで飛鳥井家の危機はおわらなかった。

もう一人の跡取りであった雅忠は、もともと大分県の平民で、穂波経度を利用して穂波家に入り込み、穂波徳明と称していた。その後さらに飛鳥井家に入り雅忠を名乗るようになる。このとき爵位局長であった岩倉具定《ともさだ》の伝記によれば、雅忠の望みは貴族院議員として活躍することであり、議員資格として必要な名家の爵位を得るため多額な資金を使用したという（この点については、浅見雅男『華族たちの近代』も指摘している）。穂波と飛鳥井は、彼に戸籍を売ったわけである。これが明るみとなり、穂波経度と経藤、飛鳥井雅忠は戸籍法違犯の容疑で拘留され、明治三十七年二月十二日に華族礼遇停止処分を受ける。

そして明治三十八年六月六日、穂波経度は爵位を喪失し、経藤と雅忠は華族礼遇禁止となった。このとき飛鳥井雅望が処分を受けなかったのは、岩倉具定が名門の飛鳥井家が潰れるのを憂慮し、彼が尽力したからだという。彼の伝記には「此《この》名門の廃滅する事を憂ひ、侠気事を処し、百方苦心の末、漸《ようや》く其面目を保たしめる事が出来た」（西村文則『岩倉具定公伝』）と記されている。明治三十九年四月二十一日に雅望が死去すると、飛鳥井家は襲爵者未定という理由により、爵位を失う。だが明治四十二年十二月に雅望の先代である雅典の四男恒麿の襲爵が決まり、同家は爵位を保つことができた。

桑原孝長の失楽園

桑原家は菅原道真の後裔、五条為庸の四男長義を祖とし、江戸時代中期に創設された。代々儒学を家業とする家柄であったが、明治三十二年二月に家を継いだ桑原孝長《たかなが》は学業に励む性格ではなかった。彼は岡山市私立関西中学校に在学中から酒色に耽り、明治三十九年六月に京都市に戻ると、中村フミという娘と男女の仲となったものの、妊娠した子を堕胎させた。明治四十二年一月からは仁科俊尾と関係を持ち、九州に向う船中で仁科に情死を迫るが失敗する。その後、神戸市中を徘徊しているところ、挙動不審を咎められ神戸警察署に連行され、再び京都の実家に戻された。

女性好きの桑原の身持ちは修まらず、明治四十三年九月からは京都市の粕谷寿和に想いを寄せ、翌四十四年十月に結婚する。だが新婚にもかかわらず、鶏肉店の娘田村フサと関係を持ち、大正三年（一九一四）二月に女児を生ませる。寿和からは愛想をつかされ、大正五年二月に離婚する。その直後には西洋料理店の娘和田サトと関係を持ち、大正五年七月に男児を生ませている。

そして大正八年一月からは、京都市の麺類商の娘で内縁の夫がいる花登ますと私通し、八月十一日に両者は談合して家出をする。大阪府の旅館で宿泊をつづけるうちに所持金が欠乏し、ますに情死を迫るも上手くいかなかった。九月四日にますが親族に保護されると、残された桑原も天王寺駅付近を徘徊中に親族に発見され、再び京都へと戻っている。だが、桑原は諦めきれず、十月五日の深夜には岡崎公園にますを呼び出し、またぞろ情死を迫った。それを拒絶してますが逃げ出すと、桑原はその後を追いかけ、ついに冷泉橋付近まで来たところで所持していた猟銃でますを射殺してしまう。

彼女に情死を迫った桑原は後追い自殺を図るのではなく、殺害現場から去り行方を晦ました。所轄管内の川端署が現場に駆けつけて捜査をしたところ、桑原の下駄など遺留品が残っていたため、すぐに逮捕の手が回った。大正八年十月十八日に開かれた宮内省宗秩《そうちつ》寮審査会議の結果、桑原は子爵の爵位返上を命じられた。これはます殺害事件だけでなく、それ以前からの度重なる乱交が、華族の体面を傷つける行為と判断されたからであった。警察の懸命な捜査にもかかわらず、桑原の捜査は難航した。捜査が進むと、飛鳥井雅広に共犯の疑いが浮上する。なぜならば雅広は事件の前日に桑原と飲食し、桑原の犯行当夜は京都市室町新町間之通武者小路の邸宅から、雅広が某新聞記者と外出したまま帰宅しなかったからである。だが疑いはすぐにはれた。飛鳥井邸を出た両者は、北新地の西定楼という遊郭に入ったが、遊興費の支払いに困り、翌日の夜まで楼内にとどまっていた。雅広が家督相続人廃除の処分を受けていたことは既述したが、彼の素行の悪さから疑いを持たれたのだろう。胸を張って他者に公言できるアリバイではなかったが、濡れ衣は着なくて済んだ。

さて殺害事件発生から二ヵ月を経た大正八年十二月二十四日、山科村に潜伏していた桑原は京都醍醐署によって逮捕された。翌九年三月二十四日に京都地方裁判所は桑原に懲役十二年との判決をくだした。宗族の清岡長言《ながこと》は「あんな大罪を犯したのに十二年位で済むならば、本人の為めには喜ばねばならぬ」（『読売新聞』大正九年三月二十五日、朝刊）と述べているが、これは桑原の弁護人の、事件は計画的な犯行ではなく、偶発的に起きてしまったという主張がいれられたことによる。

その後、大正九年五月二十一日に大阪控訴院で控訴棄却となり、二十五日に桑原は九州の三池炭鉱監獄に送られ、炭鉱夫として十二年服役する。だが桑原の体は、劣悪な環境と重労働に悲鳴をあげ、同十五年には肺結核に罹ってしまう。清岡が身元引受人となり、桑原は京都市内の済世病院に入院した。この措置は、大正天皇の恩典によるが、世間に知られてはまずいため、桑原の出獄は極秘におこなわれた。病院長にも素性を隠し、桑原は大分県の羽柴豊吉と偽称している。昭和二年（一九二七）三月三十日、多くの女性遍歴を残した桑原は、ひっそりと息を引き取った。

山科家の不祥事再び

山科家から廃嫡処分となり平民籍に編入した山科言綏《ときまさ》は、明治四十二年十二月八日に家督相続人取消願いが許可された。そして同四十四年五月二十日には言縄の跡を継ぎ、山科家の戸主となった。だが、言綏の平穏な生活はつづかなかった。言綏は竹中すてという人物から借金をするが、残金の千七十七円余りの返済見込みが立たないため、告訴されてしまう。

その結果、大正三年九月五日には家資分散宣告を受け、同四年四月六日には華族礼遇停止処分となる。五月二十四日には債務償却をはたし、八月十一日には華族礼遇の復権が確定する。それも束の間で大正五年十月には再び家資分散宣告を受け、大正六年五月五日には再び華族礼遇停止処分となる。同七年七月八日に華族礼遇を復権するが、大正十三年六月五日に言綏は隠居させられ、七月一日に山科家は長男の家言《いえとき》が襲爵する。

山科家言は、言綏が残した十九万円の負債に苦しめられる。昭和六年六月八日には完済能力がないと判断され、またぞろ家資分散宣告を受ける。これにより家言は同年十一月十三日に隠居し、昭和七年一月十五日に六歳の長男言泰《ときひろ》が家督を継承している。山科家は有職故実《ゆうそくこじつ》の大家として知られたが、現実的な生活は平安貴族のような優雅さはなかったといえる。山科言綏が借金を繰り返した背景には、華族といっても質素な生活しかできない不満が存在していたと考えられる。

宮内省の想い

宮内省宗秩寮は華族の諸問題を管轄する部局であった。華族は家督相続・結婚・転居など諸手続きを宗秩寮に提出した。華族が問題を起こした場合は、宮内省宗秩寮のもとに置かれた審議委員が会議を開催し、爵位返上や礼遇停止などの処分を決めた。これまで述べてきた京都公家華族たちの問題も例外ではなく、その度に会議が開かれた。それでは、華族を管轄する宗秩寮は、京都公家華族の問題をどのように捉えていたのだろうか。

この点は宮内省が、東京から遠く離れて生活する京都公家華族をいかに評価していたかという重要な問題でもある。右に関する宗秩寮の公式見解は、複雑な男女関係のもつれから揉めた梅園家の一件が落着したときの文書で確認することができる。

華族ノ品位ニ関スル非難ノ声ハ近来漸《ようや》ク其ノ度ヲ昂《たか》ムル所ニシテ、其ノ最モ甚シキ者ニ就キテハ既ニ本年ニ入リ続々除族爵位返上ノ制裁ヲ加ヘラル、ニ至リ、宮内大臣カ華族監督上ノ処分ヲ履行セラレタルハ、同族委員及普《あまね》ク社会ノ歓迎セシ所ニシテ、将来仍《な》ホ此ノ方針ヲ以テ進行セラルヘキハ、実ニ輿望ニ適フモノナルヲ信ス（中略）元来京都ハ旧堂上輩土着ノ地ニシテ、一大華族集体ノ存在スル所ナレハ、当然宮内大臣ニ属スル華族監督上ノ一支機関ヲ常置スルノ価値アリ。

（「審議会録」明治三十二年）

そこでは〈華族の品位に関する批判の声が高くなってきており、問題を起こした華族のなかには除族および爵位返上に至った者もいるが、それらを宮内大臣が華族監督上として処分したことは、華族審議委員や世間の歓迎するところであり、また将来的にそのような方針が取られることは多くの期待に応えるものと信じる〉という。そして〈京都は旧堂上華族が土着の地であり、彼らが集合する場所でもあるから、宮内大臣に所属する華族を監督する機関を設定する価値がある〉と指摘する。

本書で紹介した京都公家華族に限らず、武家華族や新華族のなかからも社会を騒がす事件を起こす者があらわれたため、世論では華族を不必要と非難する声も出ていた。それゆえ宮内省は、華族の体面を傷つける行為におよんだ者に対し、断固たる処置をしなければならなかったのである。宮内省が公家華族の監督および処分をおこなう正当性については次のように論じている。

堂上華族ハ歴世皇室ニ奉仕シ、御由緒格別厚キカ為ニ御資ヲ割キテ、百数拾万円ノ家門維持資ヲ賜ヒ、又准堂上華族ニ就キテハ、別ニ拾万円ノ資ヲ備ヘテ済貧ノ恩典ヲ加ヘラレ、堂上華族ヲシテ其ノ本分ヲ完クセシメントセラル、カ為ニハ、此ノ如ク漠大ナル資金ヲ費シ、皇室特別ノ保護恩恵ヲ与ヘラル、モノナレハ、従テ堂上華族タル者、此ノ優渥ナル聖恩ニ奉対スル所ナカルヘカラスシテ、若《も》シ此レニ反スルノ行蹟アル者アルニ臨ミテハ、当務局ニ在ル者宜《よろ》シク充分ノ注意ヲ要シ、而カモ其必要ト認ムル場合ニ於テハ、仮令《たとい》幾分ノ干渉ヲ行フト雖《いえど》モ敢テ不当ノ処置タラサルヘキナリ。

（「審議会録」明治三十二年）

その論理とは〈堂上華族は代々皇室に仕え、由緒があることから天皇の御手元金を割き、百数十万円の維持費を与え、准堂上華族には別に十万円を困窮救済にあてるなどの恩典を加えている。このような皇室特別の保護は、堂上華族が本分を尽せるようにとの配慮であるのだから、天皇の恩恵に応えなければならない。宮内省が、それに反して不名誉な行為をおこなう者に、注意を促すなど干渉するのは当然である〉というものであった。

宮内省は天皇との由緒がある公家華族を処罰するのは本意ではなかったが、「東西両京を往復する公家華族」で述べた「旧堂上華族恵恤金」が施行されると、手厚い保護だけでは済まなかった。世間を騒がす京都公家華族の問題が浮上したことは、「旧堂上華族恵恤金」によっても解決できなかった公家華族の家計困窮の根深さが見て取れる。また東京の華族とは異なり、京都では政府要職をつとめることも困難であった。京都公家華族の不名誉な行為は、天皇との由緒がある一方で、経済および役職に恵まれないという矛盾が顕在化したといえる。

大正・昭和の京都公家華族――エピローグ

久世通章の役割変化

久世通章《みちふみ》は、帝国議会が開かれてから貴族院議員を連続当選してきたが、明治三十七年（一九〇四）七月九日に議員任期満了を迎えると、十四年におよぶ議員生活をおえた。大正元年（一九一二）八月二日には明治天皇の大喪をおこなう大喪使祭官、同三年九月十六日には大正天皇の大礼をおこなう大礼使典儀官に選ばれ、同五年二月二十九日には殿掌を命じられた。その後、殿掌として御所に勤務する久世は、春日祭および石清水祭の上卿や、賀茂祭の勅使をつとめるなど、儀式や祭礼で活躍していく。古式にもとづいて挙行される祭礼や大喪および大礼では、前近代の朝廷儀礼に関する公家の知識や技能が不可欠であった。

朝廷や武家に関する古来の慣習・法令・装束などを有職故実《ゆうそくこじつ》というが、それを久世は山科言縄《ときなお》から継承した。後述する衣紋道《えもんどう》についても、言縄の亡き後は久世が研究に従事している。久世の有職故実に関する知識が優れていたことは、宮内省の「臨時有職調査」に応じているところから見て取れる。「年中行事」については大正七年五月の「近世久世家年中行事概要」一回、「服飾」については同年同月の「女御等ノ服装」から同九年十一月の「服飾雑話」まで計十二回、「有職一般」については同七年九月の「蹴鞠《けまり》故実」から同八年十一月の「蹴鞠ノ沿革」まで計六回の聞き取り調査に応じている。また大正七年十一月の「男装女装ニ就テ」と、同九年六月の「服飾関係雑話」の二回は、「招致講演」というかたちで久世が宮内省に出頭して語った。

いずれの内容も、維新前まで公家が用いてきた頭髪の結び方や、各装束の種類や着方などが詳細に描かれている。なぜそこまで細かいのかというと、それは天皇の即位式を含めた大礼などの重要な儀式に取り入れるための調査だったからである。裏を返せば、大正時代を迎えると、公家出身者といえども維新前の生活習慣をつづける者がいなかったことの証左となっていよう。彼らが長年慣れ親しんできた京都における生活や家職は、国家の儀礼や祭礼を支える文化となり、有職故実として研究しない限り体感できなくなった。これから紹介する蹴鞠・和歌・装束・雅楽は、右の変化を受けていた。

図40　昭和初年の「晴会」（蹴鞠保存会提供，『霞会館「京都支所」のあゆみ』より）

蹴鞠保存会

久世通章は、有職故実のなかでも蹴鞠に力をいれていた。明治九年の「蹴鞠会」に久世は十七歳の若さで参加しており、彼と蹴鞠のつきあいは生涯におよんだといってよい。「四民の上に立つ道程」で先述したが、明治十年の京都行幸で天皇が「蹴鞠を保存せよ」と述べ、同十三年には京都御所で蹴鞠の天覧が挙行された。これを機に京都公家華族たちは飛鳥井家で蹴鞠に興じるようになる。明治十七年八月二十六日には、そのような集会を蹴鞠保存会として創立させている。

それから十年後の明治二十八年一月六日、華族会館分局の南庭に仮鞠場が作られた。だが、会員相互で装束・鞠・沓《くつ》などの経費を出すのは困難だったようであり、飛鳥井家の都合にもより、保存会は中止を余儀なくされる。そこで明治三十年五月、保存会は侍従長徳大寺実則《さねつね》に経済援助を願い出た。明治三十六年には保存会の運営を再開し、同四十年五月七日には設立費として千五百三十円五十銭が下賜され、さらに経常費として毎年七百円の賜金が出されることとなった。この賜金によって京都華族会館分局内に蹴鞠専用の鞠庭が造られた。大正五年、久世は蹴鞠保存会の第三代会長に就任した。

保存会による蹴鞠は、天皇・皇后・皇太后の行幸啓、外国人の観覧を除くと、毎年神社の奉納としておこなわれた。飛鳥井家の旧邸宅跡にある白峯社（のちに白峯神宮）、難波家の氏神である大津平野神社、藤原鎌足を祭神とする談山神社《たんざんじんじゃ》、藤原氏の氏神である春日神社などがそれにあたる。これに加えて昭和四年（一九二九）六月からは、四国の金刀比羅《ことひら》宮への奉納がはじまる。その背景には、昭和六年九月に久世通章の息子である章業《ふみなり》が同宮の禰宜《ねぎ》に就任したことと関係している。昭和十二年四月に章業が岡山県の国幣小社吉備津彦神社宮司に転任すると、前日に金刀比羅宮へ奉納、翌日に吉備津彦神社へ奉納して帰京するのが通例となった。

久世通章の蹴鞠研究の成果は、宮内省の聞き取り調査にとどまらず、昭和十三年十月の『蹴鞠』と題する書籍刊行となって結実する。それによれば、蹴鞠の歴史は中大兄皇子と中臣鎌足が法興寺で蹴鞠会を開催したのにはじまり、天智天皇が即位してからは年初の儀

図41　平安神宮での「皇国顕揚武運長久祈願献詠」（昭和12年9月13日，渋谷笑子氏提供，『霞会館「京都支所」のあゆみ』より）

礼としてもおこなわれてきたという。

また蹴鞠保存会の設立趣意は、明治維新後に欧米文化が重んじられ、蹴鞠の儀式が廃れてしまうのを危惧したからであったと記す。京都公家華族たちは、天皇と藤原家を中心とする公家の歴史とともに生きてきた文化である蹴鞠を見捨てることができなかったのである。

向陽会

明治十二年十一月十日、京都公家華族たちに詩歌を継承させるため、詩歌奨励費として三年間毎月三十円が下賜されることとなった。明治十六年十一月からは毎月四十円、翌十七年十一月からは毎月五十円と賜金は増額された。明治二十一年四月三十日、それまでの詩歌奨励の集会を向陽会と名づけて設立し、会長には京都在住の山階宮晃《やましなのみやあきら》親王が就任した。向陽会には経常費として毎年賜金が与えられたが、それに加えて天皇の御下命により臨時歌会が開催される場合にも、最高で五百円、最低で百円という賜金が別途下賜された。

京都公家華族たちは和歌の練習に励んだが、次第に漢詩を詠む者の数は減少した。そこで明治三十四年十一月、向陽会は宮内省に下賜金を半額にするよう減額願いを提出しているが、この願いは聴許されなかった。だが、二年後には会合の回数を増やすことや、教材を拡充するには経常費が足りなくなり、明治三十六年九月二十九日に梅渓通治《みちとう》が年六百円から千円へと増額願いを出すことになる。向陽会には御歌所所員一名が出講し、和歌の指導にあたっていたが、明治四十年三月にはそれに代わる講師を招くこととなった。従来に比べて講師料がかかるため、同年から賜金は二千円に増加された。

衣紋講習会

明治初年に廃止された公家の家職のなかに衣紋道というのがあり、それを担当してきたのが山科家と高倉家であったことは「京都に残る公家華族」で述べた。これにより宮中儀礼で使用される天皇や皇后をはじめ、皇族方の装束などは両家の手から離れ、宮内省に管轄が移った。だが、明治十六年に岩倉具視が賀茂・石清水・春日の勅祭の再興を建議し、同十七年に賀茂・石清水の両祭、同十九年に春日祭が復活すると、再び両家は旧家職としての役割が求められるようになる。

儀式や祭礼には装束や鞍が必要であり、その技術の伝習や伝承も不可欠となった。そこで明治十六年、宮中儀礼および祭祀を管轄する宮内省式部寮から、山科家と高倉家に衣紋講習が依頼された。そして明治三十九年十一月五日、宮内省京都出張所に衣紋講習会が設置され、その経費として毎年二百円が下賜されている。衣紋講習は、賀茂・石清水・春日祭の勅使および上卿《しょうけい》以下参勤者の衣服方を養成するものであった。京都御所で勤務する殿掌・殿部・殿丁（「四民の上に立つ道程」参照）のなかから希望者を募り、彼らに常時講習をおこなった。

大正天皇の即位式が近づくと、高倉永則《ながつね》と山科言綏《ときまさ》の指導のもと、京都御所や桂離宮で衣紋講習が頻繁に開かれた。衣冠を着崩れしないように着用するには、着用者の前と後に一人ずつ奉仕して最低でも三十分を要した。即位式で衣冠を着用する者は、皇族をはじめ大礼使長官以下の参与官や事務官で、皇族を除いて賢所《かしこどころ》の儀式に百二十から百三十名、紫宸殿《ししいでん》の儀式に百五十名いた。大正以降の即位式では両流派が交互におこなうこととなり、大正大礼では高倉流を採用し、昭和大礼では山科流が用いられた。

京都絲竹会

明治天皇の公家文化の保存に対する思いは、蹴鞠・詩歌・装束に加え雅楽にもおよんだ。明治十六年五月、岩倉が京都御所の復興を思って京都に赴いた際、雅楽の衰退を憂いた橋本実梁《さねやな》が岩倉にその保存を願い出た。その結果、天皇の特

図42　京都分館二階での初会（大正13年1月9日，渋谷笑子氏提供，『霞会館「京都支所」のあゆみ』より）

旨により楽道保存および楽人保護のため、毎年五千円の下賜金が決まった。そして天皇の雅楽保存の聖旨にもとづき、華族による雅楽の研究および継承を目的として設立されたのが、絲竹《しちく》会である。絲竹会の初の会合は、明治二十二年六月十六日に皇典講究所（國學院大学の前身）で開かれた。

その後、絲竹会の名称は確認できないものの、皇后や皇太后が臨席のもと、大宮御所・芝離宮・浜離宮・新宿御苑などで雅楽の演奏がおこなわれた。このような流れを受けて、明治四十一年四月二十六日に京都絲竹会が設立された。京都絲竹会には経常費として毎年五十円が下賜されたが、同四十四年五月十三日には毎年三百円へと賜金増額が決まった。京都絲竹会は、京都華族会館分局内で毎月六回練習し、春秋二回総会を開いた。大正二年には桃山御陵に備えつけの太鼓・羯鼓《かっこ》・鉦《しょう》鼓《こ》が下賜され、同七年からは宮内省楽師による夏季講習会がおこなわれた。また貞明皇后の思召しにより、大正十二年からは春秋二回の講習が実施されるなど、活動内容は充実していった。

華族会館分局の絵画講習会

京都公家華族たちの集会場である京都華族会館分局では、蹴鞠保存会による蹴鞠や、京都絲竹会による雅楽の練習がおこなわれたが、それら団体とは異なり分局内に独自に置かれた講習会が存在した。それが絵画講習会である。明治十三年に天皇は、京都公家華族の生活窮乏により女子華族の教育が十分におこなわれていない状況を憂慮し、天皇の御手元金から六千円を分局に与えた。その資金で分局内に授業場を設置し、女子華族には普通教育を実践させ、男子華族には勉学の余暇に絵画を講習することとなった。

これが絵画講習会のはじまりであるが、大正期に小学生として参加していた清岡長和《ながかず》は、大正八年十月の大正天皇の行幸のときを思い出し、「紺絣の着物を着て通いました。教室は分館の二階にあって、習ったのは日本画。女の方が殆どだったと思います。御前揮毫もありました。十人くらいだったと思いますが、午前中にお手本を頂いて練習して、午後に出来上がる頃に陛下がいらっしゃるんです」と語っている。同年五月の行啓で貞明皇后が「ゆっくり『あの子は何処の子？』などお尋ねになりながら一人ひとりご覧になって行かれました」というのに対し、天皇は「さーっとご覧になって行かれました」(『霞会館「京都支所」のあゆみ』)という。仕上がった絵画は献上され、その褒美として男子には硯箱、女子には御所人形が下賜された。

大正天皇は、絵画を見おわると、絲竹会が演奏する雅楽を聴き、庭で蹴鞠や弓を射るのを眺めたという。この流れは、大正十四年五月二十日に来館した皇太子裕仁《ひろひと》親王の行啓でも変わりはなかった。会館分局に到着した裕仁親王は絵画講習会の絵画を見ると、このときは雅楽に代えて披露された山科家言《いえとき》の謡曲と、茂山千五郎他二名による狂言を鑑賞している。行啓日程が詰まっていたためか、蹴鞠の実演はおこなわれなかった。

さらに昭和十二年ころ、絵画講習会に参加していた冷泉布美子《れいぜいふみこ》の回想によれば、華族会館分局の二階には「御真影」を奉拝する部屋、皇族が来館した際の貴賓室、分局長と書記官の部屋、絲竹会の部屋とその向かいに日本画の部屋があったという。当時は田中松斎が講師となり、毎週火曜日と土曜日におこなわれ、分局に行幸啓がある場合には必ず絵を描き、年に一回は献上画を提出した。

絵画講習会に集まる公家華族の娘たちは従姉妹同士であったため、献上画に「氏」を記すときには「あなたは何氏でいらっしゃるの?　それじゃ親類ね」(同前掲)などの会話が出たという。女子華族たちにとって絵画講習会は遊び場でもあり、冷泉は仲間と映画を見に行き、鮎釣りを楽しむ機会が少なくなかった。なかでも絵画講習会参加者による年に一回のピクニックは楽しかったという。京都公家華族の子女たちにとって絵画講習会は、絵画の技術力を磨くだけでなく、互いに交流を深める憩いの場となっていたのである。

京都の歴史を伝える冷泉文庫

絵画講習会の思い出を語り残した冷泉布美子の実家である冷泉家は、藤原定家の孫為相《ためすけ》が起こし、室町時代に上冷泉と下冷泉とに分かれた。下冷泉の子爵家は維新後に東京に移ったが、上冷泉の伯爵家は京都に残った。当家は太平洋戦争後も京都に残り、昭和五十六年に財団法人「冷泉家時雨亭文庫」を設立して、古文書および美術品を現在に伝えている。

そのような貴重な史料や美術品が秘蔵されていることは、明治時代から知る人も少なくなかったようである。明治二十三年十月十九日の夜、冷泉家の宝庫に盗賊が忍び込み、孝明天皇から拝領した蒔絵文台四個、蒔絵硯箱五個、文匣《ぶんこ》一個、小箱一個、千手観音木像一個などの美術品と、大判小判が盗られている。盗賊は高価で売却できないと判断したのか、古文書類には手をつけていない。冷泉家は、これら貴重な品々が海外に売却されることを憂慮し、大阪および神戸警察署に被害届を提出した。その後、盗賊は逮捕されたのか、奪われた品々が無事に返却されたのかは判然としない。

冷泉家にとっては災難であったが、この程度の品々が奪われたところで収蔵品の質量に

図43　冷泉為理

図44　冷泉為紀

遜色を見せないのが冷泉文庫の凄さである。「冷泉家時雨亭文庫」が設立された際の新聞記事によれば、冷泉家の秘宝は一万点におよぶという。維新後も前近代からの公家住宅の姿をとどめ、敷地八百坪、建坪四百坪の屋敷（重文指定）、それと五つの蔵が残り、蔵のなかには藤原定家の『古今和歌集』など国宝五点、重文四十二点がおさめられている。文庫が開設されるまで、当主以外は土蔵のなかに入れなかった。

　維新の際に当主であった冷泉為理《ためただ》は廃藩置県後も京都にとどまり、跡を継いだ為紀《ためもと》は貴族院議員として東京との間を往復したが、その後は平安神宮宮司を経て神宮大宮司をつとめる傍ら、自家の文庫を守った。為紀の後を継いだ為系《ためつぎ》は、石清水祭上卿や歌会始講師に従事したが官職を持たず、父の遺志を受け継ぎ京都の邸宅は手放さなかった。冷泉家が京都に残ったのは、霊元《れいげん》天皇のときからの「大切の書類があるから開けるな」（『読売新聞』昭和五十五年四月九日、朝刊）という御下命を、代々厳守してきた結果であったといえる。

昭和期の京都公家華族

昭和期の京都公家華族を昭和十八年七月一日付の調査による『華族名簿』から確認すると、京都府内に二十六家の公家華族がいたことが見て取れる。明治期に比べると京都公家華族は半数に減り、この間に他の地域に移っているのがわかる。京都公家華族の職業は、京都御所で勤務する殿掌と、東京との間を往復する貴族院議員が多かった。それ以外では官幣中社北野神社主典の大宮公孝《きみたか》、奈良春日神社神職の鷲尾隆信《たかのぶ》、官幣大社水無瀬《みなせ》神宮宮司の水無瀬《みなせ》忠政《ただまさ》などの神職が目を引く。

水無瀬は京都と大阪に邸宅を持ち、基本的には神社のある大阪に住んでいた。昭和十四年四月十四日に久世通章が死去すると、久世家は長男の章業が家督を継ぐが、彼は国幣小社吉備彦神社宮司を任命されると、神社のある岡山県御津《みつ》郡に引っ越し、さらに当時は国幣中社金刀比羅宮宮司として香川県琴平町に移っていた。皇祖神である天照大御神《あまてらすおおみかみ》を祀る伊勢神宮を筆頭とする神社の祭祀奉仕をつかさどる宮司は、天皇と由緒のある公家がつとめるにふさわしい役職であった。

表10　昭和期の京都公家華族(昭和18年)

氏名	爵位	役職
油小路隆英	伯爵	
勧修寺厚顕	伯爵	殿掌・陸軍中尉
中院亨	伯爵	京都府立農場試験場
山科言泰	伯爵	
冷泉為系	伯爵	殿掌・御歌所参候
鷲尾隆信	伯爵	奈良春日神社神職
石野基恒	子爵	殿掌
梅園篤彦	子爵	貴族院議員
大宮公孝	子爵	官幣中社北野神社主典
小倉義季	子爵	殿掌
唐橋在知	子爵	掌典
清岡長言	子爵	貴族院議員・菊花高等女学校長
慈光寺愛仲	子爵	殿掌
持明院基哲	子爵	殿掌
高倉永則	子爵	京都府連合保護会副会長・陸軍大佐
外山英資	子爵	
萩原兼武	子爵	
藤井兼誼	子爵	貴族院議員
藤谷為隆	子爵	大阪府立阿部野高等女学校教諭
伏原宣義	子爵	殿掌
町尻量弘	子爵	掌典・殿掌・御歌所参候
水無瀬忠政	子爵	官幣大社水無瀬神宮宮司
九条良致	男爵	殿掌
清閑寺経房	子爵	御歌所参候
東三条公博	男爵	
鷲尾光遍	男爵	石山寺貫主

『華族名簿』昭和18年7月1日調(華族会館)から作成.

大阪府立阿部野高等女学校教諭の藤谷為隆《ためしげ》や、菊花高等女学校長の清岡長言《ながこと》、名誉職とはいえ京都府連合保護会副会長の高倉永則《ながつね》は、明治期に華族に与えられた「四民ノ上ニ立」役割をはたしていたといえる。

京都公家華族の終焉

京都公家華族たちの多くは、昭和に元号が変わってからも蹴鞠・和歌・装束・雅楽などの文化保存につとめていた。その一方で国内の政治情勢は大正期と大きく変化し、政党政治がおわりを告げ、それに代わる軍部の力を政府が抑えられないようになっていった。昭和十二年七月に日中戦争がはじまり、終結の見込みが立たず戦争が長期化すると、アメリカ・イギリスとの関係が次第に悪くなった。そして昭和十五年九月に日本はドイツ・イタリアと三国同盟を締結し、翌十六年十二月に太平洋戦争を開始する。

戦時下に蹴鞠保存会は「往古陣中ニ蹴鞠シテ、敵国降伏ノ祈トセシ故実」（『蹴鞠』）にもとづいて蹴鞠を開催し、向陽会が平安神宮で「皇国顕揚武運長久祈願献詠」を実施するなど、戦勝祈願を示す活動をおこなっていた。だが、彼らの報国の精神もむなしく、昭和十七年の半ばから戦局は好転せず、同二十年八月十五日に終戦を迎えることとなる。血筋の上で天皇と近い存在にある京都公家華族たちは、東京から遠く離れた場所でラジオから流れる昭和天皇の玉音放送を耳にした。

それから約二年後の昭和二十二年五月三日、日本国憲法が施行された。新生日本の出発となる当日、華族制度が廃止となった。これにより公・侯・伯・子・男爵の階級はなくなり、華族という社会的な栄誉も失われた。結果的に避けられたとはいえ、この直前には天皇退位論が浮上していた。華族制度とともに皇族は直宮《じきみや》を除いて廃止することとなったのだから、華族たちも文句はいえなかっただろう。水面下で天皇退位論が囁かれるなか、昭和天皇は華族制度の存廃について次のように語っている。

華族廃止についても堂上華族だけは残す訳には行《(ママ)》かないか

（『芦田均日記』一、昭和二十一年三月五日条）

天皇にとって東京公家華族はもとより、京都公家華族たちは特別な存在であったことがうかがえる。それは公家華族が、明治以降の勲功によって華族に列せられた新華族、中世以降に派生した武家華族よりも前から、天皇と関係を有してきた歴史の長さにつながっている。本書の冒頭で示したとおり、その長い歴史のなかで天皇と血縁関係を持つ者も少なくないのである。華族制度の廃止に直面した昭和天皇は、そのような由緒に鑑みて、公家華族だけでも残せないかという思いを抱いたのではなかったか。

また終戦後には天皇を政治から遠ざける意味で京都に戻ることが検討されていた。昭和二十一年一月三十日には、侍従次長木下道雄が天皇と相談した上で「皇居の位置」に関する草案を作成している。「京都大宮御所の欠点」として「政治上の不連絡」「京都の気候」「御所の歴史を尊重する必要上、自然園を設くる余地なし」（木下道雄『側近日誌』昭和二十一年一月三十日条）の三点が挙げられ、京都御所に天皇が戻る案は実現しなかった。天皇が戻ってくることを夢見ていた京都公家華族たちは、その実現性の難しさを知るとともに自身の栄誉ある地位を失ったのである。

京都公家華族たちの近代

明治維新後も京都に残りつづけた京都公家華族たちについて本書で述べてきたことをまとめると、次のような点が指摘できる。京都公家華族は、京都御所に勤務し、公家の家職をつとめるという歴史的な伝統を背負う面と、近代国家の構成員として設置された華族制度による役割をはたそうとする革新的な面を合わせ持っていた。講習会に通い、学習院分院設置を計画した久世通章たちは、その一方で京都御所の勤番をつとめた。

京都に残ったからといって近代化に否定的でなかったことは、帝国議会が開設されると明らかとなる。貴族院議員に選ばれた京都公家華族たちは、東京と京都の間を頻繁に往復している。とくに平安遷都紀念祭などの京都三大事件や、京都公家華族の問題処理については、上京した際に仲介者としての役割をはたした。貴族院議員に選ばれてからも京都を捨てなかった彼らには、京都の地に対する思い入れの強さが見える。

京都では天皇や皇后が東京に移る際に反対した者が少なくなかったが、京都公家華族たちは東京遷都を否定する象徴的な存在といえる。彼らにとっては京都が都であり、いずれ天皇や皇后は還幸すると思っていた。京都が東京に劣らない経済発展を遂げることを願っており、それゆえ学習院分院設置や京都三大事件を支持したのである。だが、東京に政治機構が置かれたため、政府官職につくことは物理的に難しく、京都での奉職は御所を管理する殿掌や、神社の宮司などに限られた。

多くの京都公家華族は非役有位者であり、第十五国立銀行に預けた公債証書の利子が収入源となった。その利子も彼らが抱える負債返済にあてられ、生活困窮を打開するのは容易ではなかった。武家華族や新華族との経済格差は著しく、明治二十七年には「旧堂上華族恵恤金」が設置されるが、依然として大藩諸侯の武家華族との差異は埋まっていない。そのような歪みから、京都公家華族の間でも、金銭をめぐる問題が起こったのである。世間を騒がせる事件には女性問題も浮上した。

この京都公家華族の姿は、次のことの証左となっている。華族制度の創設にあたって華族に与えられた役割は、「四民ノ上ニ立」「国民中貴重ナ地位」「皇室の藩屛」であったが、国家はその理想だけを華族に求め、華族の経済格差などに配慮しなかった。それゆえ理想とは異なる、国家を困惑させる現実に直面したということである。また国家は華族の職業がなにであるかを限定しなかったが、「四民ノ上ニ立」「国民中貴重ナ地位」「皇室の藩屛」というからには、おのずと政府関係の要職が想定される。

しかし、京都では殿掌や宮司に限られたため、それ以外には東京との間を往復する貴族院議員をつとめるしかなかった。そのような限界性から、大正・昭和と時代が推移していくにつれ、京都公家華族の役割は文化保存という伝統を背負う面が濃厚になる。文化保存は京都の経済発展など近代化が進むにつれ、彼ら特有の活動として目立ち、かつての公家家職を継承し、それを後世に伝承する存在となっていった。この文化は、天皇の即位式など古式にもとづく宮中儀礼で活用された。

最終的に天皇から遠く離れた京都公家華族たちは、武家華族や新華族では作法がわからない重要な儀礼における文化を担ったのである。それが他者にはできない「四民ノ上ニ立」「国民中貴重ナ地位」「皇室の藩屛」という役割であったといえる。京都公家華族のイメージは、時代が経つにつれ歴史的な伝統を背負う面が強くなり、その姿は前近代的な公家の生活と重ねて見ても違和感のないものであった。だが、そこに至る道程は平坦なものではなく、近代的な華族としての行動や事件を起こしていた事実を忘れてはならない。

あとがき

昭和から平成へと元号が変わってから二十余年が経つ。この間に華族を題材とする多くの歴史論文や一般書が世に出ている。昭和五十年代までほとんど顧みられなかった華族が歴史研究として注目されるようになったことは、それだけ華族の存在をリアルタイムで知る者が少なくなった証拠といえる。旧華族の子孫も世代が交代し、祖父や父とは異なる華族観を持っているに違いない。だが、歴史愛好家の雑誌で華族の特集が組まれたりしているものの、その内容のなかには従前の焼き直しという場合もあり、依然として多くの課題が残されているのも事実である。私が興味を持って調べてきた京都公家華族についても例外ではなく、これまでの華族研究で等閑視されてきた。

本書では華族とはなにであったのかを、京都に残りつづけた公家華族から検討した。公家華族は天皇にとって華族のなかでも特別な存在であったこと、その一方で武家華族や新華族よりも経済的に困窮していたこと、京都公家華族の場合は「四民ノ上ニ立」役割が限定されたことなどが明らかにできた。彼らが置かれた環境は、武家華族や新華族とは大きく異なっていたのである。華族を研究する者にとって、このような差異を意識しなければならないことが理解されるのであれば、本書を書いた意義があったといえる。また華族について詳しく知らなかった読者には、京都に残った公家華族をめぐる様々な出来事から、彼らの面白さが伝われば幸いである。

そもそも私が京都公家華族について本格的に研究するようになったきっかけは、中央大学図書館で所蔵する子爵久世通章が記した日記と出会ったことによる。けっして有名とはいえない久世が記した日々の記録から得られる情報は、どれも新鮮であった。そこからは、ほとんど知られてこなかった京都に残った公家華族に関する様々な実態が浮かび上がってくる。

私は、大変貴重な史料を棚上げにしているのはもったいないと感じ、当時同期の中央大学大学院生であった清水善仁氏と結成したのが、「久世家文書」研究会である。結成直後には、近世公家の研究者として同文書群の調査をしてこられた大倉精神文化研究所の平井誠二先生にも加わっていただいた。現在、多くの後輩の大学院生が参加する研究会は、私にとって彼らと交流できる有意義な場となっている。これまで研究会に参加してこられた方々には、この場をかりて深く御礼申し上げたい。

今年は「久世家文書」研究会を結成してから満十周年を迎えた。十一年目という新しい節目の年に本書を上梓できたことは嬉しく思う。このような執筆の機会を与えてくださった吉川弘文館には、御礼申し上げる。編集部の並木隆氏には、前著『明治国家の服制と華族』につづき、本文の校正をはじめ様々な点でお世話になった。

本書を書く以前から、「新華族についてはは研究しないのですか」という温かい言葉をいただくことが少なくない。もちろん、私は新華族について関心がないわけではなく、将来的に描いてみたいと思う。しかし、その前に「東京へ移った公家華族」の動向を探ることを、次の課題としたい。

平成二十六年六月

刑　部　芳　則

参考文献

京都公家華族とは何か―プロローグ

〔刊行史料〕

霞会館諸家資料調査委員会編『華族制度資料集』吉川弘文館、一九八五年。

霞会館華族家系大成編輯委員会編『平成新修旧華族家系大成』上・下、吉川弘文館、一九九六年。

〔刊行書籍〕

大久保利謙『日本近代史学事始め―一歴史家の回想―』岩波新書、一九九六年。

酒巻芳男『華族制度の研究―在りし日の華族制度―』霞会館、一九八七年。

下橋敬長著・羽倉敬尚注『幕末の宮廷』東洋文庫、一九七九年。

和田英松著・所功校訂『新訂官職要解』講談社学術文庫、一九八三年。

京都に残る公家華族

〔未刊行史料〕
「岩倉具視関係文書」岩倉公旧蹟保存会対岳文庫所蔵（北泉社マイクロフィルム）。
「華族履歴・公」宮内庁書陵部宮内公文書館所蔵。
「公文録」国立公文書館所蔵。

「山科言成日記」宮内庁書陵部所蔵。

〔刊行史料〕

宮内省図書寮編『三条実美公年譜』宗高書房、一九六九年覆刻版。

宮内省臨時帝室編修局編『明治天皇紀』二、吉川弘文館、一九六九年。

日本史籍協会編『岩倉具視関係文書』四、東京大学出版会、一九八三年覆刻版。

日本史籍協会編『大久保利通文書』二、東京大学出版会、一九八三年覆刻版。

日本史籍協会編『嵯峨実愛日記』二、東京大学出版会、一九七二年覆刻版。

内閣官報局編『法令全書』明治元年―三年。

〔刊行書籍〕

下橋敬長著・羽倉敬尚注『幕末の宮廷』東洋文庫、一九七九年。

〔研究書籍・論文〕

刑部芳則「維新政府の政治空間形成―東京城と皇城を中心に―」(『関東近世史研究』六八、二〇一〇年七月)。

刑部芳則「宮中勤番制度と華族―内々・小番の再編―」(『大倉山論集』五七、二〇一一年三月)

四民の上に立つ道程

〔未刊行史料〕
「岩倉具視関係文書」国立公文書館内閣文庫所蔵。

「久世家文書」中央大学図書館所蔵、(「覚」明治十年、「雑記」明治十二年、「雑記」明治十三年、「雑記」明治十七年、「雑記(講習会)」明治十七年)。

「審議会録」宮内庁書陵部宮内公文書館所蔵。

「東坊城任長日記」宮内庁書陵部所蔵。

「山城国久世家文書」国文学研究資料館所蔵、(「御布告之留」明治八年、「御役所日記」明治八年)。

「例規録」式部職、宮内庁書陵部宮内公文書館所蔵。

〔刊行史料〕

霞会館華族資料調査委員会編『華族会館誌』上・下、吉川弘文館、一九八六年。

宮内省臨時帝室編修局編『明治天皇紀』四、吉川弘文館、一九七〇年。

東京大学史料編纂所編『保古飛呂比―佐佐木高行日記―』一一、東京大学出版会、一九七九年。

〔刊行書籍〕

『青山忠誠公』多紀郷友会、一九三六年。

学習院百年史編纂委員会編『学習院百年史』一、学習院、一九八一年。

『華族会館史』霞会館、一九六六年。

〔研究書籍・論文〕

浅見雅男『華族誕生』講談社学術文庫、二〇一五年一月(初版はリブロポート刊、一九九四年六月)。

浅見雅男『華族たちの近代』NTT出版、一九九九年十月。

伊藤之雄『京都の近代と天皇』千倉書房、二〇一〇年九月。

刑部芳則『明治国家の服制と華族』吉川弘文館、二〇一二年十二月。

刑部芳則「京都公家華族の生活と政治意識―講習所を中心に―」（『地方史研究』三二七、二〇〇七年六月）。

刑部芳則「公家華族の経済的困窮と打開策―侯爵菊亭脩季の挑戦―」（松尾正人編『中央大学図書館所蔵　幕末・明治期名家書翰草稿―史料と研究―』中央大学近代史研究会、二〇〇九年十一月）。

刑部芳則「まぼろしの大蔵省印刷局肖像写真―明治天皇への献上写真を中心に―」（『中央大学大学院研究年報・文学研究科篇』三八、二〇〇九年二月）。

刑部芳則「明治時代の授爵式と華族」（『立正史学』一一二、二〇一二年九月）。

中野目徹「徴兵・華族・私学―官庁文書にみる福澤諭吉、慶應義塾―」（『近代日本研究』五、慶應義塾福澤研究センター、一九八九年三月）。

困窮する公家華族

〔未刊行史料〕

「岩倉具視関係文書」国立公文書館内閣文庫所蔵（北泉社マイクロフィルム）。

「岩倉具視関係文書」国立国会図書館憲政資料室所蔵（北泉社マイクロフィルム）。

「久世家文書」中央大学図書館所蔵、（「雑記」明治十二年、「諸願伺留写」明治十二年、「廻章留・第四」明治十七年）。

「三条実美関係文書・書類の部」国立国会図書館憲政資料室所蔵（北泉社マイクロフィルム）。

「東坊城任長日記」宮内庁書陵部所蔵。

「山城国久世家文書」国文学研究資料館所蔵、（「（鍋島家ゟ助成金受取関係書類）」）。

〔刊行史料〕

霞会館華族資料調査委員会編『東久世通禧日記』下、霞会館、一九九三年。

〔刊行書籍〕

金沢誠・川北洋太郎・湯浅泰雄編『華族―明治百年の側面史―』北洋社、一九七八年。

週刊朝日編『値段の明治大正昭和風俗史』朝日新聞社、一九八一年。

同好史談会編『史話明治初年』新人物往来社、一九七〇年。

〔研究書籍・論文〕

刑部芳則「立憲制形成期の四條隆平」（尚友倶楽部・華族史料研究会編『四條男爵家の維新と近代』同成社、二〇一二年十二月）。

刑部芳則「奈良華族の苦しい立場」（『青少年問題』六五〇、二〇一三年四月）。

刑部芳則「京都公家華族の負債問題」（『地方史研究』三七一、二〇一四年十月）。

千田　稔『維新政権の秩禄処分―天皇制と廃藩置県―』開明書院、一九七九年十月。

高久嶺之介『近代日本と地域振興―京都府の近代―』思文閣出版、二〇一一年三月。

東西両京を往復する公家華族

〔未刊行史料〕

「貴族院議員子爵久世通章旧蔵貴族院配布書類」（「稲生典太郎文書」衆議院憲政記念館所蔵）。

「貴族院議事速記録」国立国会図書館所蔵。

「久世家文書」中央大学図書館所蔵、（「記録」明治二十二年）。

〔刊行史料〕

賀集三平編『東京諸営業員録』一八九四年。

霞会館華族資料調査委員会編『華族会館誌』上、吉川弘文館、一九八六年。

『華族同方会報告』（東京大学経済学部資料室所蔵を利用）。

「久世家文書」研究会編「貴族院議員子爵久世通章の日記―明治二十五年「雑記」―」（『大倉山論集』六〇、二〇一四年三月）。

宮内省臨時帝室編修局編『明治天皇紀』八、吉川弘文館、一九七三年。

近衛篤麿日記刊行会編『近衛篤麿日記』一、鹿島研究所出版会、一九六八年。

近衛篤麿日記刊行会編『近衛篤麿日記』附属書類、鹿島研究所出版会、一九六九年。

原奎一郎編『原敬日記』三、福村出版、一九六五年。

『日出新聞』（慶應義塾大学図書館所蔵マイクロフィルムを利用）。

『平安遷都千百年紀念祭協賛誌』蒼龍篇・朱雀編上（『明治後期産業発達史資料』一九二、龍渓書舎、一九九四年復刻版）。

〔刊行書籍〕

『貴族院と華族』霞会館、一九八八年。

『貴族院の会派研究会史―明治大正篇―』尚友倶楽部、一九八〇年。

山川三千子『女官』実業之日本社、一九六〇年。

〔研究書籍・論文〕

刑部芳則「宮内省の公家華族救済措置」(近代租税史研究会編『近代日本の租税と行財政』有志舎、二〇一四年六月)。

小林和幸『明治立憲政治と貴族院』吉川弘文館、二〇〇二年二月。

小林丈広「都市祭典と政治―都市間競争時代の歴史意識―」(『日本史研究』五二三、二〇〇六年三月)。

小林丈広「平安遷都千百年紀念祭と平安神宮の創建」(『日本史研究』五三八、二〇〇七年六月)。

吉岡　拓『十九世紀民衆の歴史意識・由緒と天皇』校倉書房、二〇一一年五月。

社会を騒がす公家華族

〔未刊行史料〕
「華族諸願録」宮内庁書陵部宮内公文書館所蔵。
「授爵録」宮内庁書陵部宮内公文書館所蔵。
「審議会録」宮内庁書陵部宮内公文書館所蔵。
「保護資金録」宮内庁書陵部宮内公文書館所蔵。
〔刊行史料〕
『朝日新聞』(朝日新聞社、聞蔵Ⅱビジュアルを利用)。

『日出新聞』（慶應義塾大学図書館所蔵マイクロフィルムを利用）。
『読売新聞』（読売新聞社、ヨミダス歴史館を利用）。
〔刊行書籍〕
西村文則『岩倉具定公伝』北海出版社、一九四三年。
〔研究書籍・論文〕
浅見雅男『華族たちの近代』NTT出版、一九九九年十月。
千田　稔『明治大正昭和　華族事件録』新潮文庫、二〇〇五年十一月。
森岡清美『華族社会の「家」戦略』吉川弘文館、二〇〇二年一月。

大正・昭和の京都公家華族

〔未刊行史料〕
「臨時有職調査記録」宮内庁書陵部宮内公文書館所蔵。
〔刊行史料〕
『朝日新聞』（朝日新聞社、聞蔵Ⅱビジュアルを利用）。
『芦田均日記』一、岩波書店、一九八六年。
木下道雄『側近日誌』文芸春秋、一九九〇年。
『読売新聞』（読売新聞社、ヨミダス歴史館を利用）。
〔刊行書籍〕

大久保利泰『霞会館「京都支所」のあゆみ』霞会館、二〇一〇年。
『華族会館の百年』霞会館、一九七五年。
久世通章『蹴鞠』大日本蹴鞠会、一九三八年。
蹴鞠保存会編『蹴鞠保存会九十年誌』蹴鞠保存会、一九九七年。

著者紹介

一九七七年　東京に生まれる

二〇一〇年　中央大学大学院文学研究科博士課程修了学位取得

現在　日本大学商学部准教授　博士（史学）

主要著書

『洋服・散髪・脱刀　服制の明治維新』（講談社選書メチエ、二〇一〇年）

『明治国家の服制と華族』（吉川弘文館、二〇一二年）

歴史文化ライブラリー
385

京都に残った公家たち
華族の近代

二〇一四年（平成二十六）九月一日　第一刷発行
二〇一五年（平成二十七）四月一日　第二刷発行

著者　刑《おさか》部《べ》芳《よし》則《のり》

発行者　吉川道郎

発行所　株式会社　吉川弘文館
東京都文京区本郷七丁目二番八号
郵便番号一一三―〇〇三三
電話〇三―三八一三―九一五一〈代表〉
振替口座〇〇一〇〇―五―二四四
http://www.yoshikawa-k.co.jp/

印刷＝株式会社平文社
製本＝ナショナル製本協同組合
装幀＝清水良洋・李　生美

© Yoshinori Osakabe 2014. Printed in Japan
ISBN978-4-642-05785-1

JCOPY 〈(社)出版者著作権管理機構　委託出版物〉
本書の無断複写は著作権法上での例外を除き禁じられています．複写される場合は，そのつど事前に，(社)出版者著作権管理機構(電話 03-3513-6969, FAX 03-3513-6979, e-mail: info@jcopy.or.jp)の許諾を得てください．

歴史文化ライブラリー

1996.10

刊行のことば

現今の日本および国際社会は、さまざまな面で大変動の時代を迎えておりますが、近づきつつある二十一世紀は人類史の到達点として、物質的な繁栄のみならず文化や自然・社会環境を謳歌できる平和な社会でなければなりません。しかしながら高度成長・技術革新にともなう急激な変貌は「自己本位な刹那主義」の風潮を生みだし、先人が築いてきた歴史や文化に学ぶ余裕もなく、いまだ明るい人類の将来が展望できていないようにも見えます。このような状況を踏まえ、よりよい二十一世紀社会を築くために、人類誕生から現在に至る「人類の遺産・教訓」としてのあらゆる分野の歴史と文化を「歴史文化ライブラリー」として刊行することといたしました。

小社は、安政四年（一八五七）の創業以来、一貫して歴史学を中心とした専門出版社として書籍を刊行しつづけてまいりました。その経験を生かし、学問成果にもとづいた本叢書を刊行し社会的要請に応えて行きたいと考えております。

現代は、マスメディアが発達した高度情報化社会といわれますが、私どもはあくまでも活字を主体とした出版こそ、ものの本質を考える基礎と信じ、本叢書をとおして社会に訴えてまいりたいと思います。これから生まれでる一冊一冊が、それぞれの読者を知的冒険の旅へと誘い、希望に満ちた人類の未来を構築する糧となれば幸いです。

吉川弘文館

歴史文化ライブラリー

近・現代史

幕末明治 横浜写真館物語――斎藤多喜夫
横井小楠 その思想と行動――三上一夫
水戸学と明治維新――吉田俊純
旧幕臣の明治維新 沼津兵学校とその群像――樋口雄彦
大久保利通と明治維新――佐々木 克
維新政府の密偵たち 御庭番と警察のあいだ――大日方純夫
明治維新と豪農 古橋暉児の生涯――高木俊輔
京都に残った公家たち 華族の近代――刑部芳則
文明開化 失われた風俗――百瀬 響
西南戦争 戦争の大義と動員される民衆――猪飼隆明
明治外交官物語 鹿鳴館の時代――犬塚孝明
自由民権運動の系譜 近代日本の言論の力――稲田雅洋
明治の政治家と信仰 クリスチャン民権家の肖像――小川原正道
福沢諭吉と福住正兄《ふくずみまさえ》 世界と地域の視座――金原左門
日赤の創始者 佐野常民《つねたみ》――吉川龍子
文明開化と差別――今西 一
アマテラスと天皇 〈政治シンボル〉の近代史――千葉 慶
明治の皇室建築 国家が求めた〈和風〉像――小沢朝江
明治神宮の出現――山口輝臣
日清・日露戦争と写真報道 戦場を駆ける写真師たち――井上祐子
博覧会と明治の日本――國 雄行
公園の誕生――小野良平
啄木短歌に時代を読む――近藤典彦
東京都の誕生――藤野 敦
町火消たちの近代 東京の消防史――鈴木 淳
鉄道忌避伝説の謎 汽車が来た町、来なかった町――青木栄一
軍隊を誘致せよ 陸海軍と都市形成――松下孝昭
家庭料理の近代――江原絢子
お米と食の近代史――大豆生田 稔
失業と救済の近代史――加瀬和俊
選挙違反の歴史 ウラからみた日本の一〇〇年――季武嘉也
東京大学物語 まだ君が若かったころ――中野 実
海外観光旅行の誕生――有山輝雄
関東大震災と戒厳令――松尾章一
モダン都市の誕生 大阪の街・東京の街――橋爪紳也
マンガ誕生 大正デモクラシーからの出発――清水 勲
第二次世界大戦 現代世界への転換点――木畑洋一
激動昭和と浜口雄幸――川田 稔
昭和天皇側近たちの戦争――茶谷誠一
海軍将校たちの太平洋戦争――手嶋泰伸
植民地建築紀行 満洲・朝鮮・台湾を歩く――西澤泰彦

歴史文化ライブラリー

帝国日本と植民地都市——橋谷　弘
稲の大東亜共栄圏 帝国日本の〈緑の革命〉——藤原辰史
地図から消えた島々 幻の日本領と南洋探検家たち——長谷川亮一
日中戦争と汪兆銘《おうちょうめい》——小林英夫
「国民歌」を唱和した時代 昭和の大衆歌謡——戸ノ下達也
モダン・ライフと戦争 スクリーンのなかの女性たち——宜野座菜央見
彫刻と戦争の近代——平瀬礼太
特務機関の謀略 諜報とインパール作戦——山本武利
首都防空網と〈空都〉多摩——鈴木芳行
陸軍登戸研究所と謀略戦 科学者たちの戦争——渡辺賢二
帝国日本の技術者たち——沢井　実
〈いのち〉をめぐる近代史 堕胎から人工妊娠中絶へ——岩田重則
戦争とハンセン病——藤野　豊
日米決戦下の格差と平等 銃後信州の食糧・疎開——板垣邦子
「自由の国」の報道統制 大戦下の日系ジャーナリズム——水野剛也
敵国人抑留 戦時下の外国民間人——小宮まゆみ
銃後の社会史 戦死者と遺族——一ノ瀬俊也
海外戦没者の戦後史 遺骨帰還と慰霊——浜井和史
国民学校 皇国の道——戸田金一
〈近代沖縄〉の知識人 島袋全発の軌跡——屋嘉比　収
沖縄戦　強制された「集団自決」——林　博史
太平洋戦争と歴史学——阿部　猛
戦後政治と自衛隊——佐道明広
米軍基地の歴史 世界ネットワークの形成と展開——林　博史
沖縄　占領下を生き抜く 軍用地・通貨・毒ガス——川平成雄
昭和天皇退位論のゆくえ——冨永　望
紙　芝　居 街角のメディア——山本武利
団塊世代の同時代史——天沼　香
闘う女性の20世紀 地域社会と生き方の視点から——伊藤康子
女性史と出会う——総合女性史研究会編
丸山真男の思想史学——板垣哲夫
文化財報道と新聞記者——中村俊介

文化史・誌

楽園の図像 海獣葡萄鏡の誕生——石渡美江
毘沙門天像の誕生 シルクロードの東西文化交流——田辺勝美
世界文化遺産　法隆寺——高田良信
語りかける文化遺産 ピラミッドから安土城・桂離宮まで——神部四郎次
落書きに歴史をよむ——三上喜孝
密教の思想——立川武蔵
霊場の思想——佐藤弘夫
四国遍路 さまざまな祈りの世界——星野英紀・浅川泰宏
跋扈《ばっこ》する怨霊 祟りと鎮魂の日本史——山田雄司

歴史文化ライブラリー

藤原鎌足、時空をかける 変身と再生の日本史 — 黒田　智
変貌する清盛 『平家物語』を書きかえる — 樋口大祐
鎌倉 古寺を歩く 宗教都市の風景 — 松尾剛次
鎌倉大仏の謎 — 塩澤寛樹
日本禅宗の伝説と歴史 — 中尾良信
水墨画にあそぶ 禅僧たちの風雅 — 高橋範子
日本人の他界観 — 久野　昭
観音浄土に船出した人びと 熊野と補陀落渡海 — 根井　浄
浦島太郎の日本史 — 三舟隆之
宗教社会史の構想 真宗門徒の信仰と生活 — 有元正雄
読経の世界 能読の誕生 — 清水眞澄
戒名のはなし — 藤井正雄
墓と葬送のゆくえ — 森　謙二
仏画の見かた 描かれた仏たち — 中野照男
ほとけを造った人びと 止利仏師から運慶・快慶まで — 根立研介
〈日本美術〉の発見 岡倉天心がめざしたもの — 吉田千鶴子
祇園祭 祝祭の京都 — 川嶋將生
茶の湯の文化史 近世の茶人たち — 谷端昭夫
海を渡った陶磁器 — 大橋康二
時代劇と風俗考証 やさしい有職故実入門 — 二木謙一
歌舞伎の源流 — 諏訪春雄

歌舞伎と人形浄瑠璃 — 田口章子
落語の博物誌 江戸の文化を読む — 岩崎均史
大江戸飼い鳥草紙 江戸のペットブーム — 細川博昭
神社の本殿 建築にみる神の空間 — 三浦正幸
古建築修復に生きる 屋根職人の世界 — 原田多加司
大工道具の文明史 日本・中国・ヨーロッパの建築技術 — 渡邉　晶
風水と家相の歴史 — 宮内貴久
日本人の姓・苗字・名前 人名に刻まれた歴史 — 大藤　修
読みにくい名前はなぜ増えたか — 佐藤　稔
数え方の日本史 — 三保忠夫
大相撲行司の世界 — 根間弘海
武道の誕生 — 井上　俊
日本料理の歴史 — 熊倉功夫
吉兆 湯木貞一 料理の道 — 末廣幸代
アイヌ文化誌ノート — 佐々木利和
宮本武蔵の読まれ方 — 櫻井良樹
流行歌の誕生 「カチューシャの唄」とその時代 — 永嶺重敏
話し言葉の日本史 — 野村剛史
日本語はだれのものか — 川口　良・角田史幸
「国語」という呪縛 国語から日本語へ、そして○○語へ — 川口　良・角田史幸
柳宗悦と民藝の現在 — 松井　健

歴史文化ライブラリー

- 遊牧という文化 移動の生活戦略 — 松井 健
- 薬と日本人 — 山崎幹夫
- マザーグースと日本人 — 鷲津名都江
- 金属が語る日本史 銭貨・日本刀・鉄炮 — 齋藤 努
- バイオロジー事始 異文化と出会った明治人たち — 鈴木善次
- ヒトとミミズの生活誌 — 中村方子
- 書物に魅せられた英国人 フランク・ホーレーと日本文化 — 横山 學
- 災害復興の日本史 — 安田政彦
- 夏が来なかった時代 歴史を動かした気候変動 — 桜井邦朋

民俗学・人類学

- 歴史と民俗のあいだ 海と都市の視点から — 宮田 登
- 神々の原像 祭祀の小宇宙 — 新谷尚紀
- 女人禁制 — 鈴木正崇
- 民俗都市の人びと — 倉石忠彦
- 鬼の復権 — 萩原秀三郎
- 海の生活誌 半島と島の暮らし — 山口 徹
- 山の民俗誌 — 湯川洋司
- 雑穀を旅する — 増田昭子
- 自然を生きる技術 暮らしの民俗自然誌 — 篠原 徹
- 川は誰のものか 人と環境の民俗学 — 菅 豊
- 名づけの民俗学 地名・人名はどう命名されてきたか — 田中宣一
- 番と衆 日本社会の東と西 — 福田アジオ
- 記憶すること・記録すること 聞き書き論ノート — 香月洋一郎
- 番茶と日本人 — 中村羊一郎
- 踊りの宇宙 日本の民族芸能 — 三隅治雄
- 日本の祭りを読み解く — 真野俊和
- 柳田国男 その生涯と思想 — 川田 稔
- 海のモンゴロイド ポリネシア人の祖先をもとめて — 片山一道

世界史

- 中国古代の貨幣 お金をめぐる人びとと暮らし — 柿沼陽平
- 黄金の島 ジパング伝説 — 宮崎正勝
- 琉球と中国 忘れられた冊封使 — 原田禹雄
- 古代の琉球弧と東アジア — 山里純一
- アジアのなかの琉球王国 — 高良倉吉
- 琉球国の滅亡とハワイ移民 — 鳥越皓之
- 王宮炎上 アレクサンドロス大王とペルセポリス — 森谷公俊
- イングランド王国と闘った男 ジェラルド・オブ・ウェールズの時代 — 桜井俊彰
- 魔女裁判 魔術と民衆のドイツ史 — 牟田和男
- フランスの中世社会 王と貴族たちの軌跡 — 渡辺節夫
- ヒトラーのニュルンベルク 第三帝国の光と闇 — 芝 健介
- 人権の思想史 — 浜林正夫
- グローバル時代の世界史の読み方 — 宮崎正勝

歴史文化ライブラリー

考古学

農耕の起源を探る イネの来た道——宮本一夫
O脚だったかもしれない縄文人 人骨は語る——谷畑美帆
老人と子供の考古学——山田康弘
〈新〉弥生時代 五〇〇年早かった水田稲作——藤尾慎一郎
交流する弥生人 金印国家群の時代の生活誌——高倉洋彰
古　墳——土生田純之
東国から読み解く古墳時代——若狭　徹
銭の考古学——鈴木公雄
太平洋戦争と考古学——坂詰秀一

古代史

邪馬台国　魏使が歩いた道——丸山雍成
邪馬台国の滅亡 大和王権の征服戦争——若井敏明
日本語の誕生 古代の文字と表記——沖森卓也
日本国号の歴史——小林敏男
古事記の歴史意識——矢嶋　泉
古事記のひみつ 歴史書の成立——三浦佑之
日本神話を語ろう イザナキ・イザナミの物語——中村修也
東アジアの日本書紀 歴史書の誕生——遠藤慶太
〈聖徳太子〉の誕生——大山誠一
聖徳太子と飛鳥仏教——曾根正人
倭国と渡来人 交錯する「内」と「外」——田中史生
大和の豪族と渡来人 葛城・蘇我氏と大伴・物部氏——加藤謙吉
古代豪族と武士の誕生——森　公章
飛鳥の宮と藤原京 よみがえる古代王宮——林部　均
古代出雲——前田晴人
エミシ・エゾからアイヌへ——児島恭子
悲運の遣唐僧 円載の数奇な生涯——佐伯有清
遣唐使の見た中国——古瀬奈津子
古代の皇位継承 天武系皇統は実在したか——遠山美都男
持統女帝と皇位継承——倉本一宏
古代天皇家の婚姻戦略——荒木敏夫
高松塚・キトラ古墳の謎——山本忠尚
壬申の乱を読み解く——早川万年
家族の古代史 恋愛・結婚・子育て——梅村恵子
万葉集と古代史——直木孝次郎
地方官人たちの古代史 律令国家を支えた人びと——中村順昭
古代の都はどうつくられたか 中国・日本・朝鮮・渤海——吉田　歓
平城京に暮らす 天平びとの泣き笑い——馬場　基
平城京の住宅事情 貴族はどこに住んだのか——近江俊秀
すべての道は平城京へ 古代国家の〈支配の道〉——市　大樹
都はなぜ移るのか 遷都の古代史——仁藤敦史

歴史文化ライブラリー

聖武天皇が造った都 難波宮・恭仁宮・紫香楽宮 ―― 小笠原好彦
古代の女性官僚 女官の出世・結婚・引退 ―― 伊集院葉子
平安朝　女性のライフサイクル ―― 服藤早苗
平安京のニオイ ―― 安田政彦
平安京の災害史 都市の危機と再生 ―― 北村優季
天台仏教と平安朝文人 ―― 後藤昭雄
藤原摂関家の誕生 平安時代史の扉 ―― 米田雄介
安倍晴明 陰陽師たちの平安時代 ―― 繁田信一
平安時代の死刑 なぜ避けられたのか ―― 戸川　点
源氏物語の風景 王朝時代の都の暮らし ―― 朧谷　寿
古代の神社と祭り ―― 三宅和朗
時間の古代史 霊鬼の夜、秩序の昼 ―― 三宅和朗

中世史

源氏と坂東武士 ―― 野口　実
熊谷直実 中世武士の生き方 ―― 高橋　修
鎌倉源氏三代記 一門・重臣と源家将軍 ―― 永井　晋
吾妻鏡の謎 ―― 奥富敬之
鎌倉北条氏の興亡 ―― 奥富敬之
都市鎌倉の中世史 吾妻鏡の舞台と主役たち ―― 秋山哲雄
源　義経 ―― 元木泰雄
弓矢と刀剣 中世合戦の実像 ―― 近藤好和
騎兵と歩兵の中世史 ―― 近藤好和
その後の東国武士団 源平合戦以後 ―― 関　幸彦
声と顔の中世史 戦さと訴訟の場景より ―― 蔵持重裕
運　慶 その人と芸術 ―― 副島弘道
乳母の力 歴史を支えた女たち ―― 田端泰子
荒ぶるスサノヲ、七変化 〈中世神話〉の世界 ―― 斎藤英喜
曽我物語の史実と虚構 ―― 坂井孝一
親鸞と歎異抄 ―― 今井雅晴
日　蓮 ―― 中尾　堯
捨聖《すてひじり》一遍 ―― 今井雅晴
神や仏に出会う時 中世びとの信仰と絆 ―― 大喜直彦
神風の武士像 蒙古合戦の真実 ―― 関　幸彦
鎌倉幕府の滅亡 ―― 細川重男
足利尊氏と直義 京の夢、鎌倉の夢 ―― 峰岸純夫
東国の南北朝動乱 北畠親房と国人 ―― 伊藤喜良
南朝の真実 忠臣という幻想 ―― 亀田俊和
中世の巨大地震 ―― 矢田俊文
大飢饉、室町社会を襲う！ ―― 清水克行
贈答と宴会の中世 ―― 盛本昌広
中世の借金事情 ―― 井原今朝男
庭園の中世史 足利義政と東山山荘 ―― 飛田範夫

歴史文化ライブラリー

歴史文化ライブラリー

江戸の寺社めぐり 鎌倉・江ノ島・お伊勢さん――原 淳一郎
宿場の日本史 街道に生きる――宇佐美ミサ子
〈身売り〉の日本史 人身売買から年季奉公へ――下重 清
江戸の捨て子たち その肖像――沢山美果子
歴史人口学で読む江戸日本――浜野 潔
それでも江戸は鎖国だったのか オランダ宿 日本橋長崎屋――片桐一男
江戸の文人サロン 知識人と芸術家たち――揖斐 高
北斎の謎を解く 生活・芸術・信仰――諏訪春雄
江戸と上方 人・モノ・カネ・情報――林 玲子
エトロフ島 つくられた国境――菊池勇夫
災害都市江戸と地下室――小沢詠美子
浅間山大噴火――渡辺尚志
アスファルトの下の江戸 住まいと暮らし――寺島孝一
江戸時代の医師修業 学問・学統・遊学――海原 亮
江戸の流行り病 麻疹騒動はなぜ起こったのか――鈴木則子
江戸幕府の日本地図 国絵図・城絵図・日本図――川村博忠
江戸城が消えていく 『江戸名所図会』の到達点――千葉正樹
都市図の系譜と江戸――小澤 弘
江戸の地図屋さん 販売競争の舞台裏――俵 元昭
近世の仏教 華ひらく思想と文化――末木文美士
江戸時代の遊行聖――圭室文雄
幕末民衆文化異聞 真宗門徒の四季――奈倉哲三
江戸の風刺画――南 和男
幕末維新の風刺画――南 和男
ある文人代官の幕末日記 林鶴梁の日常――保田晴男
幕末の世直し 万人の戦争状態――須田 努
幕末の海防戦略 異国船を隔離せよ――上白石 実
江戸の海外情報ネットワーク――岩下哲典
黒船がやってきた 幕末の情報ネットワーク――岩田みゆき
幕末日本と対外戦争の危機 下関戦争の舞台裏――保谷 徹
各冊一七〇〇円～一九〇〇円（いずれも税別）
▽残部僅少の書目も掲載してあります。品切の節はご容赦下さい。